Francisco María de Silva

Década epistolar sobre el estado de las letras en Francia

Barcelona **2023**
Linkgua-ediciones.com

Créditos

Título original: Década epistolar.

© 2023, Red ediciones S.L.

e-mail: info@linkgua.com

Diseño cubierta: Michel Mallard

ISBN rústica: 978-84-9953-909-6.
ISBN ebook: 978-84-9816-663-7.

Sumario

Créditos _____ 4

Década epistolar sobre el estado de las letras en Francia... _____ 7

I. París y enero 11 de 1780 _____ 9

II. París y enero 18 de 1780 _____ 12
   Rousseau _____ 34

III. París y febrero 16 de 1780 _____ 41

IV. París 12 de marzo de 1780 _____ 55

V. París y abril 29 de 1780 _____ 66

VI. París y mayo 13 de 1780 _____ 83

VII. París y mayo 20 de 1780 _____ 94

VIII. París y junio 3 de 1780 _____ 112

IX. París y junio 14 de 1780 _____ 126

X. París y junio 23 de 1780 _____ 148

Libros a la carta _____ 163

Década epistolar sobre el estado de las letras en Francia...
por don Francisco María de Silva

Al lector

Las buenas letras, las ciencias, las artes tuvieron sus épocas florecientes hasta llegar al sumo grado de perfección que ha podido conocerse. Después padecieron el trastorno general que es bien notorio. Desde su restauración, nacida de aquellas cenizas que se conservaron, han tenido también sus respectivas épocas de auge y declinación. Han viajado por los países más cultos, dejando en ellos más o menos impresión, a proporción de las vicisitudes de los mismos estados en que han ido haciendo sus mansiones.

La Italia, y seguidamente la España, fueron los países en donde se hospedaron primero, después pasaron a Flandes, y a Francia, luego se extendieron a Inglaterra, Alemania, &c. La situación de la Francia en el centro de la mejor parte de Europa, las felices circunstancias con que se engrandeció su monarquía, y que han extendido su correcto idioma, son la causa de que de un siglo a esta parte, por una especie de tácito convenio, casi universal, sea París el asiento en que, al modo de decir se han fijado. Es la oficina de donde salen los elaborados trabajos que en general sirven de reclamo y de modelo a las demás naciones; salvo el mérito de cada una, y su derecho a sus inventos y adelantamientos particulares.

Nosotros como vecinos y poseedores de aquellos principios que han ilustrado estos dos últimos siglos, tenemos un urgente y vivo interés en saber el estado actual de la literatura francesa para calcular el de la nuestra; conocer la parte de nuestros antiguos derechos, que hemos ido conservando sucesivamente, y la que nos falta; acercarnos al nivel de nuestros vecinos, o al centro sobre cuyo eje rueda la circulación literaria; y buscar los medios de conservar aquella parte, de adquirir estotra, y de volver dar la tensión y fuerza que corresponde a los muelles que tanto se han relajado, y son causa de la vergonzosa decadencia que palpamos. Acordémonos de nuestros abuelos, y compendiando los progresos del siglo presente, armemos otra vez la máquina con que vuelva a alzarse el honor de la nación al grado que merece, y se ponga en el debido movimiento la reputación que debe recobrar, y a que es acreedora.

Esta Década o decena de cartas es como una especie de mostrador. Yo celebraría infinito que tan ligera tarea diese impulso a otra pluma de mejor temple, y más desocupada que la mía, para dedicarse a formar una obra que pudiera llamarse maestra, y que a medida de las proporciones que ya veo tan animadas por el gobierno, y los establecimientos que nacen de su protección y vigilancia, se propagase la luz que aún todavía nos alumbra opacamente.

La oscuridad únicamente sirve a aquellos que se hallan bien con ella, por ocultar su ignorancia o poco saber, y sus medianos talentos, suficientes solo para usar de la maña que conviene a su amor propio y a la exclusiva que su vanidad y envidia quieren imponer a los otros y atajar el resplandor que les deslumbra y descubre sus viles intenciones, o sus cortas facultades, haciéndoles merced. Éstas son verdades, y como tales tienen su amargo, pero éste es excelente para el estómago moral, igualmente que para el físico. El demasiado dulce le estraga y también empalaga el gusto.

Tengo observado que en España hay más luces y conocimientos de lo que ordinariamente se piensa y aparece. Vivo persuadido que bien organizadas las proporciones actuales revivirían nuestras amortiguadas glorias, y al atraso sucederían los progresos. No desmayemos, éstos se preparan, se fomentan, suceden unos a otros. Consolémonos, demos ensanche a nuestro abatido ánimo, apliquemos nuestro feliz natural ingenio, reglemos nuestra aplicación, elevemos nuestro espíritu, pongamos los ojos en nuestros mayores, distingamos aquellos de estos tiempos, examinemos bien nuestra obligación, cumplamos con ella, aprovechemos nuestras disposiciones, cooperemos al bien común, justo fin de todo buen cristiano, de todo buen patricio.

I. París y enero 11 de 1780

Amigo y señor: Mucho me pide Vm. en pocas palabras. El estado actual de las buenas letras en Francia no es asunto para satisfecho en corto número de renglones. ¿Con una cartita quiere Vm. salir de una curiosidad, cuyo examen cuesta mucho estudio, y un gran tino de crítica, y discernimiento? Brava ocasión me daba Vm. de lucir, si yo me sintiera capaz de desempeñar su encargo; y una buena oportunidad de charlatanear, si yo tuviera genio de hacer ostentación de mis ociosidades: pero ni uno ni otro son géneros de mi tienda.

Con poco trabajo mío voy a dar a Vm. razón, no solo de lo que me pide, sino de algo más para que vea cómo a veces suele ser muy fácil salir con una empresa que tiene apariencias de difícil. Basta el saber hacer buena elección de los medios, y poner algún cuidado en darles un buen orden y verificar sus materiales. Me hallo a la mano con una obra de la que le iré traduciendo a Vm. algunos capítulos, y con solo este trabajo material debe quedar satisfecha la pregunta.

Ya ve Vm. que no quiero darme la gloria de autor, ni caer en la flaqueza de plagiario; me ciño a exponer por mayor el plan del asunto, y a acompañarle de las traducciones que le ofrezco. En otro tiempo el que se calificaba de científico solía desdeñar la erudición, y el que juzgaba poseerla con alguna amenidad, creía no deber pasar sus límites. Pero ahora son tan hermanas las ciencias y las buenas letras, que no hay ningún hombre docto que no se ejercite en éstas, ni erudito que no entre en la elevada carrera de aquéllas. El primer ejemplo que quiero dar a Vm. de esta aserción mía son los dos célebres patriarcas de la literatura francesa, y filosofía moderna Rousseau, y Voltaire, de quienes hablaré a su tiempo.

Las famosas Academias, y la antigua Universidad de la Sorbona mantienen con los choques literarios un fuego que chispea y brilla en esta gran capital, de suerte que en ninguna otra se ven tan propagados los conocimientos de las letras y tan refinado el buen gusto.

Por una consecuencia de las vicisitudes humanas se ha introducido en esta clase el abuso y la corrupción, de modo, que el ir distinguiendo, y separando una cosa de otra debe ser el cuidado del hombre sabio, y de talento, cristiandad, aplicación y honradez.

Hay aquí cierta especie de doctos que se llaman filósofos. Éstos han ido tomando un grande ascendiente, y se han formado un poderoso partido. Renuevan las ideas, sistemas, o por mejor decir sectas de los antiguos filósofos; las visten a la moda; las dan lustre con el hermoso y rápido estilo de la cultivada lengua que hablan, y tiene recibida toda Europa; adaptan, y barnizan las paradojas de algunos impíos de los dos últimos siglos, autores despreciables, y ya olvidados; y procuran por todos los medios avasallar todo el mundo literario a su imperio. Siguen a éstos otros semifilósofos de talentos muy medianos, que por vanidad y soberbia, dándose los aires de doctos, entran en su secta y partido, haciendo pueblo, para difundir sus máximas, y alucinar a los menos cautos. Unos a otros respectivamente se celebran, y protegen, y en el torbellino de sus máximas quieren envolver el mundo entero.

Contra esta multitud hay otra especie de sabios, que lejos de dejarse llevar de aquellas brillantes apariencias, han procurado descubrirlas y desvanecerlas. Entre estos sabios ha habido algunos poco diestros en el uso de sus fuerzas. Sus ataques han sido fácilmente rechazados, y han deslucido por falta de dirección la buena causa de que habían tomado la defensa. Pero otros últimamente han sabido manejar sus armas, y no puede justamente negárseles el triunfo. Éstos mantienen en su debido decoro la religión; conservan el buen gusto de la literatura; desengañan al público imparcial que no quiere alucinarse; y atajan el daño de los filósofos que adulan las pasiones humanas, y tienen de su parte la flaqueza de éstas, siendo más fácil lisonjearlas que combatirlas.

Sin embargo en las ciencias cultivadas por los llamados filósofos hay mucho bueno, y en la oposición de los antifilósofos no falta ciencia sublime. No abrigan éstos las supersticiones e ignorancias de otros siglos; descubren los errores de éste; los distinguen; procuran limpiar la cizaña del trigo, y quitar la máscara a los que preciados de grandes hombres ocultan sus intenciones, y pretenden alzarse con el dominio de la opinión, cegándose en su vanagloria y amor propio. Es digno de mucha reflexión el ver los elogios, las estatuas y la locura con que aquí se inciensa a un Voltaire. Yo nunca he podido resolverme a estimarle: le he leído, me han divertido varias cosas suyas, me han gustado otras, me han dado algunas motivo para formar concepto de su grande ingenio; pero muchas me han irritado. En el mismo caso noto que se hallan muchos hombres de juicio. Mejor opinión tengo respectivamente del ginebrino Juan Jacobo Rousseau. Éste nació calvinista; aquél católico, y profesó serlo. Véanse las obras de uno y otro en el punto de religión, de que tanto han hablado ambos, y obsérvese la vida y la muerte de ellos. Los dos fueron ambiciosos de gloria: pero hay mucha diferencia entre la moderación de Rousseau, y la soberbia de Voltaire enemigo suyo; y en cuanto a filosofía no tiene comparación la Lógica del uno con la del otro. En fin Voltaire ha corrompido, y escandalizado el mundo en grado supremo. En la semana próxima remitiré a Vm. los dos capítulos sobre él, y Rousseau, en que verá el concepto que de estos dos patriarcas de la filosofía moderna se tiene aquí por los que no son sus sectarios. Hago la traducción lo más literalmente que es posible a costa de caer en algunos galicismos, para que Vm. no pierda nada del sentido, y espíritu de este juicioso parecer.

Más adelante remitiré a Vm. una noticia del concepto que merecen aquí el poeta Juan Baptista Rousseau, el filósofo Meaupertuis, el diarista Freron, y otros a quienes maltrató el atrabiliario Voltaire, que era cruel contra los que le competían, o no se ponían bajo de sus banderas. También daré a Vm. una idea de los actuales sucesores suyos d'Alembert, Diderot, y de la turba de filósofos sus secuaces, igualmente que de algunos otros que se desdeñan serlo, y siguen muy diverso partido. Espero merecer la aprobación de Vm., darle gusto, y satisfacer su curiosidad hasta el término a que por ahora alcancen mis fuerzas, y me permitan mis ocupaciones, y tiempo. Dios gue. a Vm. ms. años.

II. París y enero 18 de 1780

Amigo y Señor: ésta solo sirve de incluir a Vm. los dos artículos tocantes a Voltaire, y Rousseau en consecuencia de mi promesa de la semana pasada. Dios gue. a Vm. ms. años.

Voltaire

María Francisco Arouct de Voltaire, de la Academia Francesa, y de casi todas las Sociedades literarias de Europa, nació en París en 1694, y murió en 1778.

Grandes talentos, y abuso de ellos hasta los últimos excesos; rasgos dignos de admiración, y una monstruosa libertad; luces capaces de honrar su siglo, y errores que son la vergüenza de él; sentimientos que ennoblecen la humanidad, y flaquezas que la degradan; la más brillante imaginación, el lenguaje más cínico y repugnante; la filosofía, y el absurdo; la erudición, y las equivocaciones de la ignorancia; todos los encantos del entendimiento, y todas las pequeñeces de las pasiones; una rica poesía, y manifiestos plagiarios; hermosas obras, y odiosas producciones; el atrevimiento, y la baja adulación; las lecciones de la virtud, y la apología del vicio; los anatemas contra la envidia, y la envidia con todos sus accesos; protestas de celo por la verdad, y todos los artificios de la mala fe; el entusiasmo de la tolerancia, y los furores de la persecución; el homenaje a la religión, y las blasfemias; las señales públicas de arrepentimiento, y una muerte escandalosa. Éstas son las extrañas contrariedades que en otro siglo diferente del nuestro decidieran del lugar que este hombre único debe ocupar en la clase de los ingenios, y en la de la sociedad.

Una admiración excesiva le ha prodigado tantos elogios, como el celo, y buena crítica han producido censuras contra él. Sus sucesos en algunos géneros le han procurado votos, que en otros no merecía. Los furores de entusiasmo han eclipsado las luces del discernimiento, y apenas podrá creerse hasta qué punto esta especie de fanatismo ha llevado su ceguedad. En una palabra, a pesar de tantos disparates, capaces de hacer abrir los ojos, todo lo que ha publicado este escritor, ha sido acogido y preconizado. Ha llegado a ser el ídolo de su siglo; y su imperio sobre los espíritus débiles no puede mejor compararse, que al del gran Lama, de quien se reverencia, como sabe todo el mundo, hasta los más viles excrementos.

La posteridad igualmente libre de la seducción, que de las parcialidades sabrá apreciar lo perfecto, distinguir lo defectuoso, moderar las alabanzas, y fijar los grados de gloria y de baldón. El verdadero modo de juzgar a Voltaire, es trasladarnos al siglo futuro, ponernos en el lugar de nuestros descendientes, suponerles luces, gusto, y honradez, y pronunciar después procurando ser el órgano de ellos.

No nos proponemos hacer el análisis de los diferentes trabajos de esta especie de Hércules literario. La epopeya, la tragedia, la comedia, la ópera, la oda, la poesía ligera, todo género de poesía ha sido el suyo. En la prosa, historiador, filósofo, disertador, político, moralista, comentador, crítico, romancista. Su pluma se ha extendido sobre todas las materias: examinemos con qué suceso. Desafiamos a cualquiera que se atreva a imputarnos con fundamento la tacha de que desconocemos lo que hay de bueno en este escritor, o de que cargamos demasiado la censura sobre lo que hay de malo.

La Henriada, o Enriqueida puede sin duda mirarse como obra maestra de poesía, si no se exige en un poema más que la riqueza del colorido, la armonía de la versificación, la nobleza de los pensamientos, la nobleza de las imágenes, o ideas, la rapidez del estilo. En esto la obra es superior a cuanto las musas francesas han producido de más brillante hasta el día de hoy: ¿Pero estas calidades, por eminentes que sean, bastan para levantar la obra hasta la altura de poema épico? Cierto interés, fruto del arte y del ingenio; cierta feliz trama de ficciones; ciertas combinaciones de incidentes que embelesan y cautivan el alma del lector, la tienen pendiente de un continuo encanto, y la conducen al desenredo en medio de una inagotable variedad de sensaciones, ¿dónde se halla en Voltaire? La mágica de los grandes hombres ha consistido siempre en estos poderosos muelles. Manejándolos con habilidad, se han elevado sobre la esfera de ingenios comunes, y han dado a sus obras esta semilla de inmortalidad, que las hace preciosas a todos los pueblos y siglos.

Si es cierto lo que dice el gran poeta Pope en su prefacio de Homero, que el más o menos de intención o de interés es lo que distingue los hombres célebres, y los subordina entre ellos; será forzoso convenir, que por este título no podrá Voltaire sostener la comparación con los poetas que le han precedido. ¿Sería en efecto una paradoja el proferir que su héroe no interesa, sino porque es Enrique IV, esto es, un Rey cuyo nombre estimado de todas las naciones, adorado de la suya, habla en su favor a todo el mundo? Por poca reflexión que se haga es muy posible que se halle que a esta ventaja ha debido la Henriada todo su aplauso; ventaja que no han tenido los otros poetas que se han visto obligados a crear su principal personaje, y todos los sucesos de su poema. ¿De cuántos recursos de imaginación no han necesitado para hacer interesante la suerte de su Héroe, para conciliarlo sucesivamente la admiración, el amor, todos los sentimientos de que es capaz un alma sensible?

En la Henriada el monarca francés siempre es dichoso, o está próximo a serlo; por lo mismo rara vez se halla uno en el caso de experimentar por él la alternativa de temor y esperanza; aquellas interesantes perplejidades que hacen a veces tomar parte en las desgracias, y gozar de los triunfos. Por esto, a pesar de las gracias de su locución, el poeta cae en una monotonía insípida, y ésta produce un fastidio invencible, como ya se ha notado casi generalmente.

Lo contrario en la Iliada, todo es variado, todo respira, todo está en acción. Si se tratara de un consejo, de una batalla, o de cualquiera otro caso, no es el poeta quien lo narra; acerca los objetos, los hace presentes; el lector viene a ser un testigo que ve y oye. La imaginación de Homero arrastra la suya siempre que le presenta nuevas pinturas, y éstas varían infinitamente. El tono de la Henriada es sin duda noble, animado, siempre elegante, pero demasiado narrativo. Nada de estas dulces ilusiones que nos transfieren al lugar del personaje que obra, o habla; ningunos embelesos de este entusiasmo, de este ardiente vigor de un alma inflamada que domina las otras: ninguna imprevista erupción de este hermoso fuego que hace callar la crítica, aun cuando ella encuentre qué condenar en sus extravíos.

Virgilio menos lleno de este hermoso fuego que Homero, le suplía con el brillo la constancia y la igualdad. Estacio, y Lucano no han producido de él sino chispas, pero estas chispas dan a lo menos por intervalos calor y claridad. En Milton es un volcán que abrasa y lo consume todo. El Tasso ha sabido mejor moderar su impulso, sin hacerle perder nada bajo el yugo del arte que le conduce. El fuego del poeta de Enrique IV, no hace otro efecto que el de deslumbrar; chispea y salta; jamás calienta, ni embelesa.

14

¿Sería todavía un exceso de severidad reconvenir a Voltaire el haberse deleitado demasiado en prodigar retratos; de no haberles dado bastante variedad; de haberlos dibujado todos de la misma manera; de pintarlos con los mismos colores; de no haber guardado otro contraste que el de las antítesis; de terminarlos constantemente con equívocos o sentencias; de olvidar después en el discurso de la acción la idea que había dado de los personajes, para dejarlos obrar al acaso, sin ninguna conformidad con el carácter con que les había pintado?

Muy lejos de este defecto están los grandes poetas. En lugar de detenerse a hacer el retrato de sus Héroes, se contentan de pintarlos por sus acciones, de darles el carácter sacado de la propia naturaleza, de distinguir las diferencias con tanta energía, como verdad, de reglar constantemente sus movimientos, y discursos, según las pasiones o fines que ellos han creído, se les debe atribuir para la trama y solución del poema.

Lo que disminuye todavía el mérito de la Henriada comparada con otros poemas, es la falta de lo maravilloso. Se ha pretendido disculpar a Voltaire, esforzándose a probar que aquel poema no pedía este género de adorno. Aun cuando las razones que exponen fueran poderosas, y no débiles, ¿qué se seguiría de ellas, sino que ha hecho mal de emprender un poema poco adecuado para incluir todas las partes de la epopeya? ¿pero se ha hecho atención a que su esterilidad es la verdadera causa de esta falta? ¿no es fácil de percibir que ha empleado lo maravilloso por donde ha podido, tanto, que se ha excedido de un modo ridículo? Los personajes de la discordia, del fanatismo, y de la política, los ha sacado sin duda del sistema de lo maravilloso; pero se conoce a primera vista, que tienen una forma de existir y de obrar en su poema, absolutamente contraria a toda verosimilitud.

Aunque las divinidades del Paganismo no tuviesen una existencia real en la opinión de griegos y latinos, Homero y Virgilio las representan bajo de imágenes visibles y conocidas siempre que las introducen en la Escena para hacer algún papel. En la Henriada al contrario, la discordia y el fanatismo son unos entes fantásticos: no se les ve aunque el Autor los haga discurrir con los demás personajes.

Tenía razón Voltaire de hallarse indeciso sobre el nombre que podía dar a la Henriada: se explica así él mismo a este proposito: «No teníamos poema épico en Francia, y aún no sé si le tenemos hoy en día. La Henriada a la verdad se ha impreso varias veces; pero sería demasiada presunción el mirar este poema como una obra que deba borrar la vergüenza, que tanto tiempo hace, se echa en cara a la Francia de no haber podido producir un poema épico».

Sea el que fuere el nombre que convenga darse al Lutrin, es sin duda un poema muy superior en lo tocante a invención, y lo sería en todas sus partes si los personajes que allí se figuran fueran más nobles, y la acción más importante. A pesar de la esterilidad del asunto ¡qué destreza, qué fecundidad no ha sabido Boileau derramar en este poema, las riquezas de la ficción, los recursos de las imágenes, la variedad de los pinceles, la diversidad de los caracteres, el juego de una versificación siempre bien sostenida!

¿Qué diremos de Telémaco? Que es, y será siempre un verdadero poema, aunque en prosa, en la opinión de los inteligentes. Cualquiera que sepa apreciar los rasgos del arte y del ingenio, ha de convenir forzosamente, que un solo episodio de esta obra inmortal, encierra más invención, conducta, interés, movimiento, y verdadera poesía que la Henriada entera, menos próxima de la epopeya, que del género histórico.

¿Por qué los admiradores del poeta de Enrique IV se han apresurado tanto a atribuirle el honor exclusivo de haber dado el único poema épico de que puede gloriarse nuestra nación? ¿No sería bastante para su gloria, y para la del juicio que debe hacerse, el contentarse con decir que ha dado el primer poema heroico en verso que ha tenido éxito en nuestra lengua?

Otros literatos tan inconsiderados se han atrevido a elevar la musa trágica de Voltaire sobre la de Cornelio y Racine. ¿No es esto insultar la credulidad pública? ¿Y han podido ellos esperar que se les creyese sobre su palabra? Se está de acuerdo sin duda, de que el autor de Mérope, de Alcira, de Mahometo, es digno del primer rango después de los dos poetas de la tragedia. Se sabe que se ha formado él mismo un género que parece serle proprio, pero los ingenios juiciosos y esclarecidos, saben al mismo tiempo, que no debe este género sino a los autores trágicos que le han precedido, sin exceptuar el autor de Astrea y de Radamisto, que puede oponérsele como un rival respetable. Cornelio eleva el alma; Racine la enternece; Crébillon la aterra. Voltaire ha procurado fundir a su modo el carácter dominante de estos tres poetas lo que ha hecho creer con bastante razón muchos críticos, que no es sino alternativamente su copista, sin tener género que le sea verdaderamente particular.

Sea lo que fuere, si esta facilidad en apropiarse tan hábilmente las cualidades de sus modelos no supone verdadero ingenio, por lo menos anuncia un talento bastante distinguido, para justificar en parte los elogios de sus admiradores. Nos creemos también en la obligación de añadir que tocante a la parte moral y de un cierto tono de humanidad que respiran sus tragedias, el autor de Zaira lleva la ventaja sobre los otros poetas trágicos; pero sería preciso para conservar esta ventaja, que respetase los verdaderos principios, y se desconfiase de la manía de verter sentencias y máximas a cada paso, y fuera de propósito. ¿Quién no conoce, en efecto, que sus personajes muestran demasiada inclinación a discurrir; que razonan las más veces cuando debían obrar; que indiscretamente se pone el poeta en lugar suyo, expediente que daña siempre a la ilusión, y debilita el interés? La pasión no fue nunca sentenciosa; la naturaleza sabe explicarse sin énfasis ni rodeos; ¿cómo después de esto la razón y el buen gusto podrán confesar justas las aclamaciones prodigadas a estos retazos filosóficos, aplaudidos al Principio por la sorpresa de la novedad, y hoy día por hábito, aunque ya han quedado abandonados al pueblo de los mirones?

Si Voltaire es más moralista que los demás trágicos nuestros, ¿con cuanta ventaja son éstos superiores a él por la invención de los asuntos, la contextura de los planes, la conducta de la intriga, el arte en dibujar los caracteres, de sostenerlos, de variarlos, fruto precioso de los verdaderos talentos, y señal cierta del ingenio? Y al contrario, ¿por qué por una fatalidad que no establece mérito entre los entendimientos agudos, no se ha dedicado él casi nunca, sino precisamente a los asuntos ya tratados por otros?

Por otro lado, ¿dónde se hallará en los planes de Voltaire la valentía, la regularidad, la blandura, la destreza que caracterizan los de Cornelio, Racine, y Crébillon? Los muelles veis de sus piezas son comúnmente flojos mezquinos, y poco dignos de Melpómene. Cartas sin dirección; otros equivalentes, niños incógnitos, reconocimientos, oráculos, prodigios: tales son los perpetuos agentes de su musa siempre tímida, embrollada, titubeante por poco que se abandone a ella misma.

¿Cuáles son las razones sobre que sus admiradores se apoyan para establecer su superioridad? Dicen que sus tragedias se representan más veces que las de sus predecesores: ¿quién no conoce que este razonamiento es poco más o menos de la misma fuerza que el de Escudery, que pretendía igualmente probar la superioridad de su tragedia el Amor tiránico sobre la de el Cid; por que había más Suizos muertos en su pieza que en la de Cornelio? Aun cuando se ignorara que la elección de estos poemas depende de los comediantes, y no del Público, se podía todavía responder que las piezas de Cornelio y de Racine se representan tan pocas veces, porque han ocupado el teatro durante un siglo, y hay pocas personas que no las sepan de memoria; y que la afición a lo nuevo hace concurrir la gente hacia lo bueno aunque frívolo, sin debilitar el tributo de admiración que se debe a lo bueno sólido.

También podría responderse, que habiendo llegado Voltaire a ser el poeta de moda, el gusto del siglo corrompido por este mismo poeta no debe servir de regla, cuando se aplica a él únicamente; que es constante que este gusto no se ocupa sino de lo que puede divertirle; que se le da muy poco si es conforme o no a los verdaderos principios; y que en fin dejando a parte la propensión de la multitud por su poeta favorito, los muelles de la cabala que le preconiza, contribuyen más que todo a darle la posesión exclusiva del teatro.

Si añaden sus apasionados que a Cornelio solo le han quedado en el teatro nueve o diez piezas, replicaremos, que las desechadas de este poeta son bien superiores a las tragedias de Voltaire, que han tenido la misma suerte a pesar del encanto de su estilo. No llegan a diez las que se han sostenido: y por Alcira, Mérope, Zaira, y Mahometo (que no son comparables a Cinna, a los Horacios, a Polyestes, y a Rodoguno) ¿puede olvidarse que él es el autor de Zulima, de Marianne, de Artemisa, de Eriphile, de el Duque de Fox, de Roma libertada de el Triunvirato, de los Scytaa, de los Guebros, de los Pelopidas, &c.? Están bien lejos estos dramas de presentar los planes, y las escenas, o pasos de ingenio que Othon, Surena, Sertorio, Attila, &c.

Vuélvase en fin la vista a su pincel seductor, que puede mirarse entre sus manos como una vara mágica, y por este título concédasele el primer lugar entre los poetas trágicos de este siglo, reservando, no obstante, a Crébillon el derecho de reclamar contra esta decisión, porque ha hecho la Electra, Atreo, y Radamisto, que muestran el verdadero ingenio de la tragedia.

Los elogios prodigados a su musa cómica han sido más moderados. Verdaderamente sería menester más que una ciega confianza, para atreverse a celebrar a Voltaire entre los verdaderos hijos de Thalia. La mejor comedia suya podría apenas parecer algo en la clase de las que se consideran como medianas. Es preciso que en esta parte sea bien débil; pues a pesar del talento que tiene para pintar y hermosear hasta sus defectos, no ha podido conciliarse la opinión del Público. Todos convienen en que le falta totalmente la vena para el género cómico: que no ha presentado al teatro sino un extraño monstruo mezclado de risa y llanto, de hiel y de jovialidad. Sin embargo ha calzado el chapín tantas veces como el coturno: El Indiscreto, la Mujer que tiene razón, el Derecho del Señor, el Escollo del Sabio, la Condesa de Gibry, el Depositario, &c. son otros tantos desgraciados frutos de la ambición que siempre ha tenido de distinguirse en todos los géneros de poesía. El Hijo Pródigo, Nanina, y la Escocesa han tenido aplauso, y todavía le tienen: ¿pero quién ignora que estos aplausos no pueden atribuirse sino a la indulgencia del siglo, a su capricho, o a su malignidad?

Sería vergonzoso para su memoria el acordarse que se ha ejercitado en hacer óperas, y en la carrera de Malherve y de Rousseau con tan poco éxito en un género como en otro. Sus dramas líricos son de la más pobre invención, y de un estilo enteramente opuesto al que conviene a esta suerte de piezas. Sansón, Pandora, el Templo de la Gloria, solo han servido de darle alguna superioridad sobre el Abate Pellegrin, cuando no se trata de Jepté. Es cierto que él ha tenido la buena fe de hacerse justicia, escribiendo al Señor Berger: «He incurrido, dice, en la grande tontería de componer una ópera; pero me arrastró la gana de trabajar para un hombre como el Señor Rameau. No hacía atención más que a su talento, sin advertir que el mío no es absolutamente para el género lírico». En cuanto a sus odas, basta leerlas, y no sería difícil adivinar la causa de su encarnizamiento contra el gran Rousseau, y el Señor le Franc, habiéndose empeñado en rebajar su mérito, después de haber hecho muy vanos esfuerzos para seguirlos.

Es verdaderamente incomparable en solo el género que llaman poesías ligeras, o piezas fugitivas: le son inferiores todos los poetas que le han precedido, y pudiera predecirse que los que le sigan tendrán mucho trabajo en igualarle. Nadie ha sabido nunca dar mejor un tono ingenioso a las más sutiles vagatelas: prodigar con tanta gracia como facilidad la finura de los pensamientos, lo agradable de las figuras, la delicadeza de las frases, la elegancia, y la ligereza. Siempre fino, natural y brillante: algunas veces filósofo ilustrado: una chanza ingeniosa, unos dichos agudos, unos rasgos de luz, un colorido risueño y suave dan a todas sus producciones un carácter que es solo suyo.

¿Por qué esta musa tan ingeniosa, tan ligera, ha sido tantas veces atrevida, temeraria y licenciosa? ¿Por qué ha sacrificado con tan poco miramiento la verdad y la decencia al impulso de su desarreglada imaginación y al deseo de agradar a cualquiera costa que fuese? La Doncella de Orleans, la Guerra de Ginebra, algunos de sus cuentos, y otros muchos frutos de la audacia y malignidad, no pueden alabarse, a pesar de hermosos retazos, ni aun por la gente libertina; pues la misma musa que los publicó, los ha desaprobado, y negado como producción suya en el tiempo, que todavía conservaba algunos restos de pudor.

Desde el mundo poético sigamos a Voltaire en la dilatada carrera de la prosa. Ha corrido todas las partes de ella, y por todas ha dejado la señal de sus desolaciones. No se crea por esto que queremos dar a entender que su prosa sea mala, o inferior a su poesía: Sería un absurdo dejar de conocer en el prosista las mismas cualidades que brillan en el poeta. Bien sea que escriba en verso, o en el estilo regular, casi siempre tiene la misma viveza, el mismo espíritu, la misma gracia, la misma harmonía. Confesaremos también, que a excepción de Racine, Despreaux, y le Franc, ninguno de nuestros buenos poetas ha tenido habilidad de escribir en los dos lenguajes con una superioridad igual. ¿Pero puede disimularse que separando el colorido del fondo del cuadro, se distinguen entre los prestigios del pincel que los ilumina, todos los géneros alterados; la ilusión puesta en el lugar de la verdad, las ideas recibidas sacrificadas al ansia de complacer, y el tono que corresponde a las materias que trata, desfigurado por su modo independiente de toda regla? En la historia, ¡qué se propuso sino divertir al lector, en vez de instruirle; poner el anzuelo a la mentira para la simple credulidad; hacer triunfar la ficción al abrigo de un cierto giro indecoroso, o de la sal del epigrama?

El Ensayo sobre la historia general, sin duda muestra un talento superior, pero jamás se le mirará por los sabio e instruidos, sino como un lienzo nada fidedigno, donde con el pretexto de pintar los progresos de la civilización de las naciones cultas, se esfuerza el autor en arrastrar todos los sucesos al objeto que se ha propuesto de establecer el fatalismo; sistema que es el cúmulo de todos los absurdos. Todos los caracteres o genios, todas las acciones, todas las conjeturas, todas las reflexiones, no miran sino a favorecer este principio. El historiador destruye sin pudor todos los monumentos de la historia, se entrega a las más sospechosas tradiciones, se apoya sobre los más desacreditados autores y no se embaraza del desprecio debido a una pueril credulidad, o a una odiosa mala fe, como pueda alucinar a la multitud que quiere subyugar y perder. De aquí nace aquella afectación de presentar a la virtud casi siempre desairada; y siempre triunfante al vicio.

Si habla de una batalla, es para hacer observar que los que tenían de su parte la justicia, padecieron los reveses de la suerte. Sus reflexiones a cerca de diferentes príncipes, no llevan otra mira que la de probar, que los malvados se han visto llenos de prosperidades, y los más virtuosos rodeados de infortunios. Luego que halla la más leve traza de superstición, ostenta un aire de triunfo; proscribe los abusos con un tono de confianza, propia a persuadir que él es el primero en combatirlos, siendo él mismo quien solamente ignora, o finge ignorar que ya se han condenado mucho antes.

Hace más: cuando los hechos no prestan bastante causa para la censura, o no entran bien en su plan, los transforma, los envenena y los fuerza, para sujetarlos a sus fines, y se cree filósofo, cuando no es sino un impostor o malvado. ¿Qué debe pensarse en efecto, de tantas anécdotas aventuradas de tantas críticas pueriles, de esta vana apariencia de sagacidad, que no se deleita sino en revolver los albañales, y hacer exhalar de ellos continuamente vapores y neblinas que corrompen o interceptan las más conocidas verdades?

Este Ensayo sobre la historia general ha sido bien asaeteado de críticas, las que no ha rechazado sino con injurias. Se ha hecho demostración de mil errores, que han sido defendidos por otros muchos más absurdos y multiplicados. De donde es fácil concluir que queriendo pintar el genio de los pueblos, no ha pintado a la verdad sino el propio suyo; esto es, un genio sujeto a todas las extravagancias de una desarreglada imaginación, cegado con los desvaríos de una razón inconsecuente, y conducido por las inquietudes de un carácter audaz y sin freno.

El siglo de Luis XIV está escrito con el mismo gusto y la misma infidelidad. No se trata de examinar si contiene algunos capítulos bien escritos. Este mérito es el menor a todos los que exige la historia. Lo ajustado y lo verídico son el alma de ella. La manera de referir, aunque sazonada, no puede suplir el fondo de las cosas, o justificar la malignidad de las reflexiones. Fuera de esto, ¿acaso con un tono de desahogo, que más parece olvido de todo miramiento que superioridad de ingenio, nos han transferido los grandes historiadores los anales de las naciones, o las acciones de los príncipes? ¿Se halla en esta obra, ni en todas las otras del autor este nervio histórico, esta combinación de materias, este atadero, y consecuencia, este conjunto que nutre y sostiene el ánimo del lector, y forma una cadena continuada de pinturas, o ideas que le fijan y le interesan hasta el fin? En vez de esto el historiador de Luis XIV no presenta sino miniaturas sueltas, bosquejos informes, disertaciones epigramáticas.

Para tratar así la historia ha tenido sin duda sus razones. Incapaz de sostener una narración bien seguida, menos por facilitar la atención que por procurar reposo a su pluma, demasiado cortada para mantener una fuerza siempre igual, circunscribe los objetos, los divide, los pone aislados con una incoherencia que deja la libertad de extraer y mudar los capítulos sin dañar al orden de la obra, lo que prueba que no hay en ella orden alguno.

Otro tanto puede decirse del siglo de Luis XV, menos bien escrito, y todavía más infiel. Añádase solamente, que al leerle, apenas puede creerse que haya autor que se atreviese a publicar tan manifiestas falsedades, disfrazar tantos sucesos, presentarlos de un perfil tan contrario al decoro y a la verdad a la vista misma de infinitas gentes, testigos oculares de los hechos que desfigura.

La historia de Carlos XII, y la del Czar Pedro, jamás serán historias sino para los entendimientos ligeros, que prefieren lo agradable de la narración, y las chispas del estilo a la nobleza y gravedad que deben caracterizar la verdadera historia. La primera ha merecido a su autor el título de Quinto-Curcio Francés, sin duda porque el historiador de Alejandro no ha sido más escrupuloso que el de Carlos XII. La segunda no es digna del mismo honor: con un ingenio igualmente romancesco está muy distante de tener tanta gracia. La pluma del escritor parece en esta última cansada, débil, inagotable en repeticiones. El cuidado de repetir sin cesar que el Czar es un grande hombre, anuncia que es una obra hecha por expresa orden, y no persuadiría la superioridad del héroe, si por sí mismo no tuviera otros títulos para hacerla conocer.

No hablaremos del Cuadro del género humano, de la historia del Parlamento, de la filosofía de la historia, ni de otras tantas obras que se pretende, son históricas, y no son capaces de picar la curiosidad sino por la osadía y licencia, con que en ellas se atacan los más respetables objetos. Basta decir que los hierros, los errores, las equivocaciones se combaten entre sí a cada página, y que el escritor repite, sin cesar, las mentiras que en mil parajes había ya repetido.

No obstante tiene mucho cuidado en asegurar en todos sus prefacios, que la verdad es su principal objeto. No obstante, siempre se abusa de la credulidad pública, jamás deja de lanzar terribles anatemas contra los embusteros o impostores. ¿Ha pretendido sorprender al Público con este ardid? Tal ha podido ser su intención; pero se le ha sorprendido tantas veces en contradicción con esta intrépida verdad, que según él mismo le apasionaba, ha sostenido tan mal los combates contra críticos más verídicos y mejor instruidos, que sus seguridades y protestas son señal de desconfianza, y sus respuestas a las censuras nuevos motivos de incredulidad.

Después de haber sido Voltaire historiador romancero, ha querido ser romancero filósofo. Para ahorrarse el trabajo de imaginar, ha robado de los extranjeros los asuntos y planes que después ha vestido a su moda. Zadig, Memnon, le Monde comme il va, están casi enteramente tomados de los ingleses; pero es preciso confesar que la manera como se ha apropiado estos asuntos, cómo los ha iluminado, las reflexiones ingeniosas y llenas de sentido con que los ha enriquecido, y los rasgos finos y agradables con que los ha sazonado, le hacen como creador de aquellos mismos asuntos.

No hay duda en convenir que Cándido y el Hurón, son de invención suya, y que la invención del primero sobre todo es original; pero se debe añadir que estos dos romances, o novelas sin trama ni atadero, no ofrecen sino una serie de sucesos sueltos y las más veces inverosímiles; que la osadía y la obscenidad forman su principal interés, y que estos defectos no pueden recompensarse con la jocosidad de agradables menudencias y las gracias del estilo. No hay que hablar de la Princesa de Babilonia, romance más satírico que moral, más sucio que ingenioso. Solo la ociosidad y el libertinaje pueden dar lectores a esta producción indecente y mediana.

En calidad de escritor moralista y filósofo hubiera podido adquirir derechos al reconocimiento de los hombres, si las verdades útiles que se perciben de tiempo en tiempo en sus obras, no las eclipsaran los dañosos errores, que entre ellas se miran esparcidos. Para algunos rayos de luz, algunas miras benéficas, algunas sanas reflexiones, algunos sentimientos eficaces de humanidad que descubren más bien una orgullosa compasión, que una sensibilidad verdadera. ¡Cuántas contradicciones, inconsecuencias, furores, absurdos y delirios!

Casi siempre bajo el pretexto de rebatir los abusos, se precipita en los excesos de la independencia. Si se irrita contra el fanatismo religioso, es para hacer brotar otro más peligroso fanatismo que es el de la irreligión. Si ataca ciertas preocupaciones bien indiferentes a los ojos de la sana filosofía, es para substituir en su lugar todos los desvaríos de las opiniones arbitrarias. ¡Qué filósofo éste, que tan presto preconiza la religión, y tan presto la incredulidad; que tan presto da reglas de moral, y tan presto es el eco del libertinaje; que tan presto niega la inmortalidad del alma, y tan presto un Dios remunerador! ¡Qué filósofo, un hablador, siempre en oposición con sus principios, siempre enemigo de sus propios sistemas, siempre versátil, y sin ninguna forma determinada!

Recomienda la tolerancia, y se muestra el hombre más intolerante; ensalza el perdón de las ofensas, y se abandona a todos sus resentimientos; declama en favor de la hombría de bien y de la decencia, y olvida hasta los más leves miramientos. ¡Qué filósofo, un autor que no se puede definir, ni seguir; que deja a sus lectores en una perpetua duda sobre sus verdaderas sentencias! ¡Qué hombre, aquel cuyos afectos han sido dirigidos siempre por las diferentes circunstancias: que admite o desecha, que alaba, baldona, adula, o satiriza según las impresiones que le penetran, y cuyas impresiones son siempre el producto de los más pequeños motivos!

En la literatura ha llevado el mismo espíritu o idea, y las mismas variaciones. Después de haber dado buenos preceptos, y aun buenos ejemplos, muchas veces el amor al pro y contra, una continua inquietud, ideas pasajeras sujetas a las disposiciones del genio, del humor y de la vanidad descaminan y embrollan sus opiniones; le hacen olvidar que desacredita sus juicios con las más palpables contrariedades, que condena lo que había prescripto y que desecha los principios que había seguido antes. Semejante a los tiranos, que trastornan las leyes a medida de sus caprichos, y establecen sin cesar otras nuevas para apoyar su imperio.

Nada se mira en Voltaire de verdaderamente decisivo, sino la ambiciosa manía de haber querido pasar por el depositario del ingenio en todos los artes; por un literato universal; por un hombre único. La mayor parte de sus disertaciones literarias son un tributo de homenajes u obsequios que se paga a sí mismo, o decretos pronunciados contra sus rivales. Sus observaciones sobre la tragedia son una justificación de sus piezas, o una diestra sátira de las de los otros. Su Ensayo sobre la poesía épica: una Apología de la Henriada, el conocimiento de las perfecciones y de los defectos en la lengua francesa dado al público con nombre prestado, es el apoteosis de sus producciones. Otras mil obras a su modo son otras tantas sonoras trompetas que ha entregado a la fama para preconizar, o esparcir su mérito en todo género.

Se ha prodigado bien los elogios él mismo, y no se ha descuidado en los medios de procurárselos de la parte de otros. Ha honrado con su opinión o voto a muchos autores muy medianos y con este ardid los ha convertido en adoradores suyos. Pero por haber dejado de apreciar los hombres de todos los siglos en favor de los del siglo presente: por haber querido, como otro Encelado, arrojar del Olimpo a los Dioses a fin de reinar él solo con las pequeñas deidades de su creación: en fin, por haber elogiado sin medida los d'Alembert, Marmontel, Thomas, St. Lambert, Delaharpe, Condorcet, &c. ha desacreditado igualmente sus elogios y sus críticas.

Desmañadamente reduce el mérito de Voltaire a cuatro páginas, y el de la Fontaine a treinta fabulas. No concede a Rousseau sino tres o cuatro odas, y algunos epigramas. Censura en Cornelio los defectos de su siglo, y le da el nombre de declamador. Califica las tragedias de Racine, de idilios y diálogos bien escritos y rimados. Trata las de Crébillon de sueños de energúmenos y de lugares hinchados demasiado comunes. Acusa a Boyleau de no haber sabido jamás hablar al corazón, ni a la imaginación; a Fenelon de haber escrito de una manera débil; a Bossuet de haber hecho declamaciones solo capaces de divertir niños; a Montesquieu de no haber sabido sino aguzar epigramas y acumular citas falsas. Se esfuerza en fin en despojar a todos los grandes hombres de la gloria que les toca, para revestir de ella a los pigmeos, a quienes esta misma gloria deja afrentados.

¿No es esto pues, por un lado, parecer a aquel Emperador, que por envilecer al Senado hizo dar a su caballo los honores consulares? ¿No es por el otro hacerse un juego de los instrumentos de su propia vanidad? Porque al fin, estos pigmeos parecen todavía más chicos sobre el alto pedestal en que Voltaire ha querido elevarlos.

En cuanto a los otros escritores que han tenido la desgracia de distinguirse o contradecirle, se ha dignado ponerse más abajo de ellos y según el modo con que los ha tratado. Tan amigo de disputas como un Scaligero, un Garasse, un Saumaise, les ha dejado bien atrás siempre que ha hecho correr de su pluma los torrentes de injurias y de groserías. ¡Qué espectáculo! El mayor ingenio que entre nosotros se conoce, rodando, sin mirar por sí mismo, en un perpetuo círculo de las más bajas y odiosas expresiones, y no respondiendo a sus contrarios sino con la ayuda de los más atroces epítetos, como los de energúmeno, chocho, malsín, haragán, ratero, tahúr, ladrón y otros muchos, que sonrojaría el repetirlos.

¡Qué objeto de comparación entre las sentencias, las máximas, las frases finas y delicadas, las ingeniosas expresiones, los bellos sentimientos que expresa con tanta energía en muchos parajes de sus obras, y esta inundación de hiel y malignidad, este tejido de indecencias, mentiras, calumnias derramadas sobre tantos escritores de mérito, extranjeros, nacionales, prelados, militares, de todas las clases, de todos los estados, que no han tenido otra falta para con él que la de no haber pensado del mismo modo, y haber osado escribir! ¿Cuáles serán las opiniones de la posteridad, cuando después de haber admirado la Henriada, Mérope, Alcira, &c. vea parecer en su comitiva la Guerra de Ginebra, la Defensa de su tío, &c. y una infinidad de otros libelos que supondrían en ella el mayor grado de perversidad si no los arrojase con horror?

No insistiremos más sobre esta pintura vergonzosa para la literatura, para la filosofía y para el entendimiento humano en general. Ya se vio a toda su luz en la obra intitulada Pintura filosófica del espíritu de M. Voltaire, para servir de continuación a sus obras, y de memorias a la historia de su vida, y nos imponemos la obligación de no sacar la copia.

Llega ahora el caso de examinar ¿cómo con tantos deslices, flaquezas, defectos y excesos tan chocantes ha podido este autor procurarse tanto número de apasionados y partidarios?

No pueden disimular sus admiradores que muchas de sus piezas de teatro han padecido sus humildes caídas; sus historias nadan en errores, equivocaciones y falsedades; sus misceláneas literarias presentan una infinidad de falsos principios, falsos juicios, críticas injustas; sus producciones polémicas son odiosas, como se ha indicado, por sus falsas imputaciones, mentiras y calumnias. Sin embargo se lee; no obstante divierte; y aun casi pudiera creérsele, si pudiera uno propio resistirse a la evidencia y a la equidad que le combaten.

Este problema no es difícil de resolver, si se quitan algunas de sus obras, que son de un estilo de la última clase. Siempre que Voltaire no se olvida o distrae, hace deslumbrar al lector, y le dispone con el encanto de una dicción siempre sencilla y brillante, a que adopte sus ideas, a que apruebe lo que aprueba, a que condene lo que condena. Como las cosas atraen a los hombres según la proporción que tienen con su inteligencia, y las luces de la multitud no son justas ni profundas: y como el modo de expresar un pensamiento decide entre la mayor parte de los leyentes, no es extraño que con el arte de acomodarse al tamaño del común de los entendimientos, y de expresar sus ideas con gracia y donaire, consiga el gustar y hacerse grato, y arranque a su favor el común voto de las gentes.

A la habilidad de seducir con una agradable superficie, junta un cuidado todavía más esencial; el de poner de su parte a las pasiones. El amor de la independencia que predica en sus escritos; amor que naturalmente adula a todos los hombres; la apología que muy a menudo hace de las fragilidades humanas; la tolerancia y la humanidad que no cesa de recomendar, la cual todo el mundo necesita, no han contribuido poco a decidir en su favor los hombres de todos estados, de todas edades, bastante débiles para creerle sobre su palabra, y demasiado poco reflexivos para no profundizar. Sobre todo, a los jóvenes, a quienes importuna el más leve yugo; y a los entendimientos ligeros, a quienes gusta siempre la novedad, y persuaden las más fútiles agudezas, cuando les divierten, no les ha costado trabajo de pasar del gusto al entusiasmo, y del entusiasmo a una especie de fanatismo.

Añadamos a todas estas razones que no hay ningún autor más agradable, más ameno, más cómodo. Se le lee sin fatigarse, presenta solamente la flor de los asuntos, despierta la atención con las antítesis, salta, revoletea de objeto en objeto, tiene el arte de asir los contrastes, de juguetear con las agudezas, de reemplazar el razonamiento con el epigrama. En fin más quiere Voltaire mentir y desvariar, que ser frío y cansado. ¿Puede extrañarse después de esto, que haya hallado el secreto de alucinar tanta gente, de hacerla adoptar sus ideas poco más o menos como un sutil charlatán que divierte, y hace comprar sus drogas aun a aquéllos que no tienen fe ninguna en él?

¿Qué tienen que oponer a todas estas mañas, a este torrente de aprobación la gente de gusto, y los hombres prudentes? Son testigos de la seducción, calculan su duración y predicen su término. Saben, fundados en invariables principios fortificados por una experiencia constante, que solo lo bueno y lo honesto pueden sostener las pruebas del tiempo. Convienen en que entre las obras de Voltaire hay algunas excelentes; pero sostienen (ya se empieza a creerles, y se les creerá más cada día) que hay muchas medianas, y un gran número de malas.

Confiesan: que el talento de asir las semejanzas lejanas de las ideas, y de darlas su contraste, parece le es cosa a él particular, o como privativa; pero que pone en esto mismo demasiada afectación; y las producciones del arte están muy sujetas a perecer. Advierten que posee la elocuencia, que consiste en la colocación y propiedad de los vocablos, y no la que tiene su fuerza en los pensamientos y sentimientos que es la verdadera; que no lleva un sistema seguido, y que ha escrito según las circunstancias, y casi nunca según su propio sentir. Por lo mismo la mayor parte de sus obras son solamente para su siglo, y por consecuencia no admitirá la posteridad sino muy pocas.

Si la gloria de graduarse de ingenio, no toca sino a los que han hecho sobresalir algún género hasta su perfección, ya está decidido que no podrá obtenerle jamás, porque se parece a aquel famoso Atleta, de quien habla Jenofonte; hábil en todos los ejercicios, e inferior a cada uno de aquellos excelentes en uno solo. Su entendimiento es extenso, pero poco sólido; su lectura muy varia, pero poco reflexionada; su imaginación brillante, pero más propia a pintar que a crear.

Ha tratado muchas veces con el mismo tono lo sagrado y lo profano; la fábula y la historia; lo serio y lo burlesco; lo moral y lo polémico. Esto prueba la esterilidad de su manejo, y todavía más la falta de cierto juicio que sabe proporcionar los colores al asunto; que descuida demasiado así en verso como en prosa la analogía de las ideas, y el hilo imperceptible que debe unirlas; y que sus versos mayores caen uno a uno, dos a dos y no es difícil componerlos brillantes y sonoros cuando quedan aislados. En fin la revolución que ha intentado en las letras, en las ideas y en las costumbres no tendrá nunca su entero cumplimiento; porque los literatos que extravía, y los discípulos que alucina divirtiéndolos, pueden parecerse a Carlos VII, a quien Lahire decía: no puede perderse un reino más alegremente, pero bien se hallará entre ellos quienes como este Príncipe abran los ojos, arrojen al usurpador y restablezcan el orden.

Acabamos de examinar el escritor, no falta más que hacer análisis del hombre. No renovaremos aquí las reconvenciones que tantas veces le han hecho: reproches cuya discusión sería bastante capaz de oscurecer la gloria de su talento con el oprobio de los desbarros del entendimiento y del corazón. Este menudo examen no es de nuestra incumbencia. Nuestra intención se reduce a presentarlo tal cual se ha mostrado él mismo en sus propias obras. ¡Qué vasto campo no ofrece a las reflexiones del verdadero filósofo! ¡Jamás ha habido hombre que tanto haya sido el juguete de su entendimiento, de su imaginación, de su corazón y de su falsa razón!

Arrastrado del amor de la gloria en todo género, y por una viva sensibilidad en todas las pasiones; estos dos ejes han llegado a dar el principal movimiento a sus talentos, y la regla a los diferentes usos que de ellos ha hecho. Modesto si hubiera sido incensado universalmente: dulce si no hubiera sido contradicho en nada: religioso, y celador del culto en que había nacido por poco que este camino le hubiese podido conducir a la fortuna, o a la fama. Se le hubiera visto el modelo, y el defensor de los verdaderos principios en todo, si el interés de vanidad pudiese conformarse con alguna especie de dependencia. El ardor excesivo, y la impetuosa actividad de su amor propio, han sido la causa de sus variaciones, de sus desbarros, de la alteración de sus ideas, de sus gustos y de sus sentimientos.

De aquí han nacido aquellos anhelos de estimación, y aquellos rencores implacables contra tantos hombres de letras, que alternativamente han sido llenos de elogios, o cargados de sus escarnios, según el caso que ellos hacían de su mérito, o según la opinión del público sobre el mérito de ellos.

Siendo al principio amigo y adulador del Gran Rousseau (Juan Baptista) se convirtió después en el más encarnizado enemigo, y no ha dejado de perseguirle hasta entre las cenizas que cubren su sepulcro. Era amigo y adulador de Maupertuis, y la preferencia prudente y justa de un gran Rey (el de Prusia) le reveló contra este filósofo, y le empeñó en las diferencias que le han sido tan vergonzosas y funestas. Aunque amigo y adulador de Crébillon ha publicado durante la vida de este poeta varias críticas anónimas contra él, por lo envidioso que estaba de su gloria; y varios libelos después de su muerte, porque el Monarca le hacía levantar un monumento público. Sin embargo de ser amigo y como protector de Desfontaines ha procurado cubrirle de oprobio, por no haber sido elogiado siempre por él, y haber experimentado alguna justa censura. Fue amigo y admirador de Juan Jacobo Rousseau, y le ha insultado aún más a sus desgracias que a sus errores, a causa de la superioridad de su elocuencia, y del poco caso que ha parecido hacer de la filosofía, y sus discípulos. Sin detenerse en que era amigo y defensor de Montesquieu, se ha dedicado a hacer las más injustas y menudas críticas de sus obras, con el fin de elevarse sobre su especie de pretendida ruina. También fue amigo y defensor del Helvetius, y esperó el momento de su muerte para despreciarlo y ponerle en ridículo. Del principio expuesto ha procedido que la colección de sus obras ofrece un perpetuo choque de alabanzas, de baldones, de aplausos, de injurias, de lisonja y de furor.

Del mismo modo ha tratado al público. Después de haber guardado al principio algunos respetos, ha desconocido toda suerte de miramiento, ha insultado su nación, y aun todas las otras desde el punto en que se ha hallado descontento de ellas. Bien puede juzgarse su conducta por su discurso a los Welckes, sus estancias tocante a los Italianos, sus sátiras contra los alemanes, sus chanzas sobre los españoles y portugueses. Aun también los ingleses, tantas veces elogiados en sus escritos, han llegado a ser como los demás pueblos el juguete de sus chocarrerías.

Su genio, en que nunca ha sabido dominarse, también ha influido mucho sobre sus continuas volubilidades. Su imaginación ha seguido todos los movimientos de ellas y llevado toda su estampa. Ya sensible, ya mirado, ya cáustico según las diferentes disposiciones de su ánimo; unas veces sincero, otras artificioso; unas veces amante de la verdad, otras opuesto a ella; unas veces moderado, otras propasado, ha sido siempre, como ya lo hemos observado, el hombre del tiempo, de la circunstancia, del momento. Sus pensamientos, sus expresiones y sus juicios, no son tanto suyos, como del genio o humor que en aquel entonces le inspiraba. Pocos autores, exceptuando el estilo, se desfiguran tanto como él mismo. A fuerza de tener todos los caracteres, no tiene ninguno.

¿Qué ha producido en su razón esta turbulenta inquietud? Claras luces, valerosas verdades algunas veces; pero otras, contradicciones, inconse-cuencias y absurdos. Esta razón nunca ha visto los objetos sino como podía verlos; esto es, con los ojos de la preocupación, variando sin cesar según el impulso momentáneo. En las letras, en la filosofía, en la historia, cuando las traza sin fines particulares, rara vez se le escapa a su vista lo real del objeto; pero el más leve interés o motivo, le oscurece, le altera, le enajena de su entendimiento.

¿Esta moral benéfica que ha publicado con tan aparente celo, es la de su corazón? No es pues un sistema. Que se confronte lo que dice en unas ocasiones, con lo que propala en otras; que se confronten sus humanos sentimientos con el desprecio que demuestra a la humanidad en general y sus declamaciones contra los vicios con las seductoras pinturas que de ellos hace. Su entusiasmo por las virtudes, y la ridiculez en que las pone; sus ímpetus afectuosos por la tolerancia y los rigores inhumanos contra los abusos inclinan a juzgar que realmente algunas veces se ha sentido penetrado de las buenas máximas que expone; pero no lo ha estado menos de las máximas contrarias, pues éstas parecen igualmente sensibles, vivas y tan fuertemente expresadas con la ventaja de haber sido más veces repetidas que las otras.

Que se concuerden, si es posible, tantos disparates con la idea de la filosofía. La verdadera debe obrar igualmente sobre el entendimiento y sobre el corazón; sobre el primero con principios ilustrados, sólidos e invariables; sobre el segundo, con sentimientos honrados, superiores y a prueba de todo; por esta conformidad de pensamientos y sentimientos, eleva a un hombre sobre la clase común de los otros.

La conducta del filósofo, cuando es lo que debe ser, es siempre lucida, consecuente, igual, llena de franqueza y de dignidad. ¿Para qué pues estas incertidumbres, estos errores, estas contradicciones? ¿Para qué es esta mezcla de elevación y de bajos arbitrios; de osadía y de pequeños ardides; de desdenes y de pretensiones? ¿Para qué sistematizar sin principios, moralizar sin costumbres, dogmatizar sin misión, retractar en un tiempo lo que ha establecido en otro; volver luego a lo mismo después de las más formales reprobaciones?

El carácter del filósofo es superior a toda flaqueza. ¿Para qué correr sin cesar en busca de la alabanza, y alterarse con la más leve contradicción? ¿Para qué incensar lo grande, ultrajar la mediocridad, o las cenizas de los muertos? ¿Para qué emplear tantas intrigas, ponerse tan a menudo la máscara, disfrazarse de mil modos, tomar prestados nombres falsos? ¿Por qué el profesor de la verdad, por antonomasia, no se ha atrevido a parecer sino con la salvaguardia de los nombres de Vadé, Carré, Akaya, Zapata, Bazen, Escarbotier, Rustan Ramponeau, y una infinidad de varios nombres, cuyo tono burlesco, más bien anuncia un histrión que un esclarecido disertador?

La mira del filósofo es descubrir y hacer conocer la verdad. ¿Acaso ésta se recrea en arrojar sus luminosos rayos, y hacer entender su lenguaje por medio de chistes, de epigramas, de equívocos y chanzonetas indecentes? ¿Acaso atacando la religión con escarnios, desfigurándola con falsas imputaciones, manchándola con calumnias puede esperarse derribar sus fundamentos? ¿No es más bien lo contrario, rendirla homenaje con el exceso mismo de la sinrazón y mala fe?

El fruto de los trabajos de un filósofo es la instrucción y felicidad de los hombres. ¿Qué pueden producir los de un escritor, que de un lado ya filántropo, ya enemigo del género humano, siempre ocupado de sus propios intereses, poco se ha cuidado de otra cosa que la de mantener la atención del público consigo mismo, hacerle confidente de sus acciones, de sus servicios, de sus liberalidades, de sus limosnas? Que por otro lado se hace un juego de acometer y burlarse de los principios, de corromper las fuentes, de saltar los límites, de trastornar las leyes, de cegar los entendimientos. ¿Qué han producido en efecto? Lo que la sana filosofía no puede confesar por obra suya: la independencia, el desorden, la corrupción y el trastorno de todas las ideas. Que se le escuche y le siga ¿qué resultará? Los jóvenes aprenderán en su escuela a sacudir el yugo de sus obligaciones, a repetir blasfemias, a gloriarse de sus desórdenes: los hombres de letras a respetar poco los modelos, a olvidar los miramientos, a despedazarse sin consideración: las naciones a abandonar sus principios, sus leyes, su carácter para alimentarse de ideas frívolas, de miras quiméricas, de gustos fantásticos, y pasajeros: a preferir en vez de su interés, su gloria y su reposo el atractivo de los placeres, los honores y los hechizos de la inconstancia.

No obstante tal es el hombre a quien la mayor parte de la nación ha hecho su ídolo; a quien se ha incensado en sus últimos días hasta el punto de no temer el ridiculizarle, coronándole y dándole en un teatro público los honores del apoteosis. Tal es sin embargo el hombre que han preconizado, celebrado y honrado con entusiasmo, y a quien se han propuesto muy seriamente levantar estatuas, sin pensar que en la antigüedad, y en todos los pueblos sabios ha sido este honor el precio de las virtudes heroicas, o de los altos servicios hechos a la patria. ¿Sería pues por este título que Voltaire gozaría de un privilegio que los Turenas, los Luxemburgs, los Catinat, los Hospital, los Daguessau, han merecido tanto y no le han obtenido? Si los Bossuet, los Fenelon, los Cornelios, los Racine, los Despreaux, no han tenido hasta ahora otros monumentos erigidos a su gloria, que los frutos de su ingenio, más durables que el mármol y el bronce, es preciso que se desconfíen bien del ingenio de Voltaire, pues se ha querido subyugar la posteridad con los homenajes del siglo presente. Pero la posteridad juzga los autores y los siglos; ella reducirá por una parte el escritor a su justo valor; por la otra ella sabrá que su apoteosis no ha sido obra de la nación, sino el producto de las intrigas de algunas gentes de letras que ya entonces verosímilmente no serán conocidos.

Rousseau

Rousseau (Juan Jacobo) nació en Ginebra en 1727, y murió en las inmediaciones de París en 1778.

A pesar de sus singularidades, sus paradojas y sus errores, no se le puede disputar la gloria de la elocuencia y del ingenio, ni la de ser el escritor más entero, más profundo y más sublime de este siglo.

Jamás ha habido autor que se haya pintado mejor a sí mismo en sus obras. Por poca atención que se ponga al leerlas, se descubre en ellas el retrato de su alma y el templo de su carácter; allí se ve la más viva y más fecunda imaginación; un espíritu flexible para tomar todas formas, intrépido en todas sus ideas; un corazón endurecido en la libertad republicana y excesivamente sensible; una memoria enriquecida de cuanto ofrece de más reflexivo y extendido la de los filósofos griegos y latinos; en fin una fuerza de pensamientos, una viveza de coloridos, una profundidad de moral, una riqueza de expresiones, una abundancia, una rapidez de estilo, y sobre todo una misantropía que se puede mirar como el muelle principal que hace jugar sus sentimientos y sus ideas.

Todo es prodigio en este autor sea del lado del bien, sea del lado del mal. Aunque se ha escrito mucho contra él, aún no se ha tocado al origen de su mérito y sus desbarros. Un hombre tan célebre merecía bien ser conocido radicalmente. Nosotros vamos a aventurar algunas conjeturas, para dar, si es posible, la explicación de este fenómeno moral y literario.

Es oportuno notar desde luego que nada de mediocre ha salido jamás de su pluma; primera señal que le distingue de todos los demás escritores.

La razón de esta superioridad no es difícil de hallarse, y es toda en gloria suya. Aunque nació con los más grandes talentos, tuvo la sabia precaución de no mostrarse al público, hasta que se creyó capaz de sorprenderle con sus primeros ensayos, y de alimentar su admiración con nuevas producciones, tan vigorosas como las primeras. Parecido a aquellos atletas que se ejercitan por largo tiempo, antes de presentarse en la arena, dejó crecer las fuerzas de su ingenio, dio a su razón tiempo suficiente para madurar y desenvolverse, ejercitó verosímilmente su pluma antes de dar a luz los escritos en que fundaba su reputación. Éste es el modo de aspirar a sucesos sólidos. Feliz él, si haciendo mejor elección de sus asuntos, no se hubiera dado tanto a la manía de las paradojas; si no se hubiera picado de una maña ambidextra que descarrió su juicio en tantas ocasiones, y le inspiró demasiada confianza para justificar todos los sistemas que se le antojó imaginar.

El temple de su carácter influyó verosímilmente mucho sobre la naturaleza de sus opiniones. Penetrado de la más viva sensibilidad, arrastrado por un temperamento lleno de bilis y de fuego, agriado por las contradicciones. Fueron las circunstancias de su vida el origen de su misantropía, y esta misantropía llegó a ser a su vez el vehículo de sus talentos.

Adoptando estas reflexiones, no será imposible explicar ¿por qué con tan superiores luces ha querido adelantar este autor con tanta seguridad todas las paradojas conformes a las disposiciones de su genio y estampa de sus ideas? Y ¿por qué el pro y contra se ven tratados con la misma fuerza en sus escritos? Parece que se dice a sí propio: «Yo tengo conocimientos y facilidad; mi alma se inflama con prontitud y mi entendimiento se acomoda fácilmente a todo; mi imaginación abunda en recursos y los argumentos para apoyar mis conceptos se me presentan en tropel. Puedo en fin, apartarme de la senda ordinaria. En no probar sino lo cierto hay muy mediana gloria. Dejemos obrar la naturaleza, cedamos a las impresiones, aun cuando sean momentáneas, y singularicémonos para adquirir nombre».

Según este principio establecido como sistema, o seguido por instinto, todo ha llegado a ser problemático bajo su pluma. De aquí han nacido los razonamientos en favor y contra el duelo; la apología del suicidio y la condenación de este frenesí; la facilidad de paliar el crimen del adulterio y las razones más fuertes para hacer sentir su horror; de aquí tantas declamaciones contra el hombre sociable y tanto entusiasmo a favor de la humanidad; aquellas expresiones violentas contra los filósofos y aquella manía de favorecer sus sentimientos; de aquí la existencia de Dios atacada con sofismas y los ateístas confundidos con argumentos invencibles; la religión cristiana combatida con objeciones capciosas, y celebrada con los más sublimes elogios.

Sería nunca acabar si quisiéramos entrar en la discusión de todas estas contradicciones, tan capaces de hacer conocer cuánto se engaña el hombre a sí mismo cuando se deja solo conducir por sus luces; y cuán incierta es la filosofía en sus ideas, si se aparta de los límites prescriptos por el autor de la naturaleza al entendimiento humano. Esta sola consideración bastaría para forzar la razón a conocer que debe sujetarse a una autoridad y que el yugo impuesto por la fe no es para oprimirla y humillarla, sino para captivar sus inquietudes y precaver sus deslices. Así en la religión, como en la moral todo se halla establecido, y calculado por una providencia sabia; pero luego que el entendimiento se desboca, todo llega a ser incierto y arbitrario. El colmo de la ilusión en los filósofos es creer como reservados a ellos solos los descubrimientos para la felicidad de los hombres; y el colmo del crimen es robarnos la presente felicidad bajo la apariencia de esta quimera.

La primera obra con que se manifestó Rousseau es el famoso discurso coronado en la Academia de Dijon, en donde sostiene que las letras han contribuido más a corromper las costumbres que a purificarlas. Nadie ignora cuantas oposiciones suscitó esta obra desde el instante que salió al público. Bien podían tener razón los adversarios del autor; pero entonces no se preveía que el estado actual de nuestra literatura llegase a ser el apoyo de la sentencia del ciudadano de Ginebra. Aunque es falso que las letras cultivadas, según las reglas y las precauciones que el bien común exige, son capaces de perjudicar a la sociedad, es muy cierto a lo menos, que (juzgando por los desórdenes que reinan hoy entre los literatos) están sujetas a grandes inconvenientes.

¿Qué idea ventajosa se puede formar, qué frutos se pueden prometer para la cultura del espíritu y la perfección de las costumbres, cuando se ven atacados los verdaderos principios, desconocidas las reglas, violada la decencia, establecida la confusión, y la anarquía sobre las ruinas del gusto y la razón? ¿Cuándo la religión, la moral, las obligaciones, la virtud, llegan a ser el juguete de una filosofía extravagante que ultraja la una, corrompe la otra, pronuncia sobre ésta y desfigura aquélla según sus caprichos y sus intereses? ¡Qué estimación para los literatos a vista de las divisiones que los agrian y los deshonran!

Los vemos despedazarse, calumniarse, desacreditarse los unos a los otros, intrigar en las sociedades para perseguir a sus rivales, o ensalzar a sus discípulos y admiradores. Emplean en esto su tiempo y cuidados, que serían consagrados más útilmente en perfeccionar sus obras. Se revelan contra la crítica y descuidan los consejos útiles; hartan su vanidad de votos mendigados, sin ocuparse en merecer otros más justos y sólidos; y substituyen a la elevación de sentimientos que deberían ser su fruto, las bajezas del artificio y de la lisonja, para apoyar su vanidad. ¿Acaso en medio de esta degradación sensible y diaria, podrán aspirar al respeto y a la gloria destinada a pagar los trabajos del ingenio y de los talentos?

Bien tristemente ha demostrado la experiencia que el abuso de los conocimientos literarios es el más peligroso de todos los males que un estado puede sufrir. ¿Con la adquisición de estas pretendidas luces que se lisonjean habernos comunicado, ha llegado a ser la sociedad más feliz y mejor reglada? ¿Se han desaparecido de entre nosotros la mala fe, la perfidia, los odios, las mentiras, las calumnias, las atrocidades, los crímenes? ¿Se ha visto renacer la franqueza, la integridad, la generosidad, la felicidad y la paz? ¿O más bien a pesar de estas hipócritas voces de humanidad, y de beneficencia: no parece que los corazones se han encogido, disecado y perdido su energía? Todo lo que hemos ganado llegando a ser más instruidos, es haber aprendido a ser malos con arte y a conservar en el mal una especie de decencia que le hace más epidémico y peligroso. Si es verdad que los hombres han sido malos en todos los siglos, también lo es que tienen más facilidad para serlo en los siglos ilustrados. Los recursos del entendimiento se vuelven entonces de la parte del interés y de las pasiones. Cuanto mayores luces tiene un hombre malo, tanto más es capaz de hacer el mal impunemente.

El Discurso sobre la desigualdad de las condiciones entre los hombres, no cede en nada al primero; antes bien descubre una más grande extensión de luces, más profundidad en los pensamientos, una elocuencia más nerviosa; pero es fácil de reconocer en él un filósofo tétrico, demasiado ardiente en aprovechar la destreza de su entendimiento en invectivas contra la naturaleza humana; demasiado enemigo de la sociedad; demasiado inclinado a no ver más que los vicios y demasiado empírico en los remedios que propone. Tal es el efecto de la misantropía, nos descarría así que nos entregamos a ella. Rousseau ha querido parecer profundo y sublime y ha dado en extravagante. Pascal era misántropo como él, pero guiado por la religión; sus pensamientos tienen el mérito de lo profundo y sublime, unido al de la razón.

Aunque El contrato social está lleno de errores y ofrece una novela de política impracticable, el autor es siempre el mismo, esto es, original, profundo, luminoso y elocuente; pero todo sin fruto.

Las Cartas de la nueva Eloísa si las consideramos como una novela, no tienen casi nada de común con esta especie de obras; un plan mal ordenado, una intriga viciosa, un desenredo trabajoso y demasiado lento, una acción débil y desigual, unos personajes disertadores y por lo mismo molestos. Si las miramos por el lado de la moral, son una mezcla de ideas singulares, de virtud frenética, de sentimientos excesivos y de rasgos sublimes, de discusiones pedantescas. Por lo tocante al estilo son una trama seductora de todo lo que la imaginación tiene de más brillante, y más rico; de todo lo que el sentimiento tiene de más encendido y enérgico; de todo lo que la expresión tiene de más entero, más tierno, más florido y más elegante. En esta obra es en donde el autor se abandona con más frecuencia a su manía de exponer el pro y contra y de derramar la incertidumbre sobre todos los principios. La obra intitulada Emilio lleva consigo la estampa de la misma forma de carácter: esto es, las mismas paradojas, los mismos errores, las mismas perfecciones. Este tratado de educación, el más quimérico que ha podido componer ningún hombre, es una mezcla continuada de sublime y de ridículas sutilezas; de razón y de extravagancias; de talento y de puerilidades; de religión y de impiedad; de filantropía y de inhumanidad.

En ésta aún más que en las otras obras de Rousseau, se descubre un autor dotado de ingenio profundo, pero versátil; de una imaginación brillante, pero exaltada; de un alma sensible, pero demasiado severa; de un entendimiento juicioso, pero extraño. Los consejos útiles y los razonamientos capciosos; las observaciones interesantes y las reglas impracticables; el idioma de la razón y las declamaciones de una filosofía engañosa marchan con un paso igual en esta obra: se burlan alternativamente de la comprensión del lector y le fuerzan a preguntarse a sí mismo lo que el autor ha pretendido establecer.

No se ha desdeñado la pluma de Rousseau de ocuparse en asuntos pequeños. El Adivino la aldea es la obra magistral de su musa y la pastoral más sencilla y más interesante que ha salido al teatro de la ópera.

Su Carta contra la música francesa, su Diccionario de música, aunque ha tomado mucho del del Abate Brossard, y sus Cartas de la montaña prueban que podía ejercitarse superiormente en todos los géneros y hermosear con su elocuencia las materias que parecen más secas.

También escribió contra los teatros, y sus argumentos no han sido refutados por los que se han atrevido a responderle. El mejor modo de hacer conocer la preeminencia de su habilidad, es poniendo al lado de su carta la respuesta que dio a ella Monsieur d'Alembert. Es demasiado sensible la diferencia para dejar de percibirla. Es trasladarse súbitamente el lector desde un brasero encendido al medio de una nevera. Es preciso confesar que la carta de Rousseau está sin orden, sin unión, sembrada de digresiones, algunas veces difusa, pero este desorden es el del ingenio; la claridad y el calor se descubren por todas partes. Su al adversario por el contrario, a la verdad más metódico, pero más frío y sin vigor, no le opone sino débiles razonamientos, expresados aún todavía más débilmente.

No hablamos de las obras polémicas de Rousseau, bastará notar que en sus debates literarios o personales, sin embargo de mostrar siempre tanto ingenio como sensibilidad, jamás se ha apartado de las reglas de la honradez y decencia. Nada hay más injurioso, más grosero, ni más contrario a la dignidad de las letras, que lo que se ha escrito contra él, y con todo ha mantenido una grande serenidad en medio de tantos ataques. Verdaderamente filósofo en esta parte, se ha desdeñado constantemente de valerse de armas indignas de sus sentimientos, de su mérito, y del público.

También el público siempre equitativo, le ha hecho justicia compadeciéndose de sus errores, de sus ilusiones, de sus delirios y aún más, riéndose de su singularidad, ha respetado el temple de su alma y la nobleza de su proceder. Sería en efecto cosa injusta confundirlo con el común de los espíritus fuertes, si es cierto sobre todo que ha sido realmente engañado por sus ideas. ¿Pero qué debemos pensar de aquellos filósofos, que tan poco convencidos como celosos para convencer a los demás, no sacrifican sino al orgullo de su vanagloria, y a los intereses de su existencia la sencillez de aquellos que les escuchan, la credulidad de los que adoptan sus principios y la estupidez de los que los reverencian y protegen?

Nadie les ha quitado más bien la máscara a su charlatanería, que el ciudadano de Ginebra, que los había frecuentado, y que al principio se había dejado seducir de sus artificios. No se lo han perdonado nunca, y no le perdonarán jamás el haber dicho en una de sus obras: «¿Qué hacen los filósofos sino darse a sí mismos una multitud de alabanzas, que no siendo repetidas por otro ninguno, no prueban gran cosa en mi opinión?» Y de haber añadido con tanto juicio como verdad: «Huid de aquéllos que bajo el pretexto de explicar la naturaleza, siembran desconsoladas doctrinas en el corazón de los hombres, y cuyo escepticismo aparente es mucho más afirmativo y más dogmático que el tono decisivo de sus contrarios. Bajo el altivo pretexto de que ellos solos son ilustrados, veraces, y de buena fe, nos someten imperiosamente a sus resueltas decisiones y pretenden darnos como verdaderos principios de las cosas los sistemas ininteligibles que han fabricado en su imaginación. Por lo demás destruyendo, trastornando, despreciando todo lo que los hombres respetan, quitan a los afligidos el último consuelo de su miseria; a los poderosos y a los ricos el freno de sus pasiones; arrancan del fondo de los corazones los remordimientos del crimen, la esperanza de la virtud, y se lisonjean aún de ser los bienhechores del género humano. Jamás, dicen ellos, ha sido la verdad perjudicial a los hombres: yo lo creo también como ellos, y es mi opinión la mayor prueba de que lo que ellos enseñan no es la verdad».

III. París y febrero 16 de 1780

Amigo y Señor: Ya ha visto Vm. el juicio que hace un autor de gran nota de los dos célebres patriarcas de filosofía y literatura: creo puede adherir a este juicio cualquiera que le tenga acompañado de una justa imparcialidad.

Los desbarros de Rousseau merecen compasión: como Calvinista giraba su creencia por un círculo muy distante del centro de la verdad; no debe extrañarse que como filósofo a las orillas del precipicio haya caído en él, suelta la rienda de su fogosa imaginación. Las contradicciones que hacen de semejante desorden, dejan de serlo respecto a este mismo principio, en cuyo supuesto puede asegurarse que Rousseau fue muy consecuente en sus escritos y acciones, y no tuvo la variación y contrariedades que a cada paso se notan en Voltaire.

Uniforme en su conducta, en su modo de pensar y en su modestia, o quizás orgullo (pero orgullo por aquel termino tan particularmente suyo y muy singular en estos tiempos) nunca mudó sistema, jamás alteró su método, siempre siguió la marcha que había tomado, y hasta su muerte misma en la buena edad de cincuenta y dos años, mantuvo las mismas huellas.

Mucha es la diferencia que hallo entre el filósofo de Hermenonville y el de Farney: la pluma de aquél abrasa cuanto corre, pareciéndose a la encendida lava en las irrupciones del Vesubio: no tiene el mismo fuego la pluma de éste. Por eso al mismo tiempo que considero más disculpable a Rousseau, le juzgo más peligroso, mayormente para las personas de talento cultivado. Voltaire lo es más para las superficiales; aquél seduce sin sentirse; en éste se deja percibir la seducción, pero sus decantados talentos, su aplauso casi universal, la circunstancia de considerarle como jefe primario de partido, merece que pongamos alguna mayor atención en su marcha.

Voltaire que desde niño fue católico y que siempre confesó profesar la fe de sus mayores; que nació vasallo de un gran monarca y se preciaba tanto de ser francés, por consecuencia colocado por su suerte en el centro de la verdadera religión, como cristiano, y en el círculo de un tan bien templado gobierno como el de la monarquía francesa; ha sido de los más acérrimos enemigos, primeramente del Catolicismo, y del gobierno monár-quico, y después de todo gobierno y toda religión. Dilatado trecho tuvo que ir caminando hacia los grandes errores, que tanto ha procurado propagar, habiendo partido desde el estrecho y legítimo círculo en que se hallaba cuando tomó la pluma, hasta llegar al abismo en que la dejó con la muerte en la muy larga carrera de ochenta y cuatro años.

Parece que aún la hubiera continuado más días, según la feliz constitución de su naturaleza; pero quiso dejar el acomodado y célebre retiro de Farney, para venir a la gran capital de la Francia a gozar de sus triunfos y glorias. Las tuvo, pero no tan completas como le sugerían su demasiada ambición y vanidad. Acostumbrado a mirarse elogiado por un monarca de tanto nombre y concepto como el Rey de Prusia; a verse dichosamente aplaudido por una princesa tan célebre como la Emperatriz de las Rusias, no pudo sostener el revés de no haber tenido el brillante acogimiento que se prometía, y procuró solicitar de su propio príncipe; ni pudo soportar la indiferencia del Emperador en su mansión en París pues siendo un soberano de tan alto mérito, que en sus curiosos y útiles viajes, procuró tomar los más acertados y menudos conocimientos, y supo honrar las ciencias, las buenas letras, las armas, las artes y todos los estados gradual y respectivamente, no apreció ni quiso conocer la persona de este decantado filósofo; golpe que le fue mortal.

Pudieron tener Federico y Catalina algunas razones por donde se creyeron (al modo de decir) obligados a contemporizar con Voltaire, darle el consuelo de mostrarse parciales suyos, o quizás serlo verdaderamente, según la respectiva diferencia de principios o modo de pensar que cabe en los príncipes, como en los particulares. No concurrían las mismas razones o principios en Luis XVI, ni en Josef II, pero el filósofo de Farney no supo sobrellevar las vicisitudes humanas. Quería por entero sus glorias. Todo lo pretendía avasallar, y considerándose como un Alejandro literario, solicitaba dominar todo el orbe y llorar como aquel héroe griego de que no hubiese más mundos.

No se hace muy compatible esta superioridad tan ambicionada con el sistema general suyo y de todo su partido: sistema que se reduce a dos puntos, igualdad y libertad civil y religiosa. Sobre esta última parte se ha escrito mucho, sobre la primera se ha hablado menos porque es enteramente absurda. No es posible la igualdad en los hombres. Para esto era indispensable que hubiese igualdad en las fuerzas, en la hermosura, o perfecciones personales en los talentos; y que se experimentase en los bienes o dones de fortuna. En la naturaleza misma existen sus diferencias. Esta desigualdad debe producir las infinitas que conocemos, y no puede subsistir el mundo sin ellas y sin jerarquías.

No es preciso ir más arriba para sentar este principio. La igualdad física, en cuanto criatura humana, es cosa que desde nuestra infancia la sabemos muy bien, sin más libros que el catecismo. Todos somos hermanos, hijos de Adán, todos iguales en nacer y morir, todos polvo, y en polvo nos convertiremos. De la igualdad moral no podemos menos de reírnos a carcajada, y de las necias sutilezas y quimeras de semejantes sueños, tratados con énfasis, hinchazón y toda gravedad y magisterio.

Hay personas que desgraciadamente seducidas de los sofismas y paradojas de estos alucinados filósofos, por cuatro libretes que han leído, se hacen insoportables en la sociedad. Si sirven algún decente empleo que la casualidad, o su mérito les proporcionó, le ejercen con indecible dureza, ajando aquellas gentes que le son o juzgan inferiores, al mismo tiempo que no pueden sufrir superior alguno, y malogran con su genio otras regulares prendas que les asisten.

Muy humillada quedaría su altivez si reflexionase cada uno de éstos, que más superiores tiene como hombre físico entre millones de almas, que como hombre moral según la clase mediana suya entre centenares o miles de personas a quienes debe respetar. Éste es el carácter de los llamados filósofos y de los infelices que alucinan con su doctrina. Pretenden sacudir toda subordinación ellos mismos, y quieren imponerla a los demás. Se erigen en magistrados públicos de todas las naciones, y procuran someterlas a sus leyes.

Gracias a la divina Providencia, todos sus esfuerzos son inútiles. La verdad penetra por entre el velo con que la cubre la común malicia humana; pero semejantes entes apenas la perciben, o la quieren confesar, tapándose los ojos con la mano que les lleva su propio orgullo, para cegarse.

Mucho me detendría, si hubiese de entrar en materia sobre un circunstanciado análisis del carácter de Voltaire y sus secuaces. Puede Vm. contentarse con lo que ha visto en la traducción remitida y con lo que le iré indicando según me venga a la pluma en la continuación de estos borrones, que me persuado merezcan el agrado de Vm. y aprobación de los amigos a quienes quiera comunicarlos.

Entre los perseguidos por Voltaire, uno de los que a pesar suyo ha dejado más nombre y concepto, es Juan Baptista Rousseau, que murió retirado en Bruselas el año de 1741 a los sesenta y seis de su edad. No escribió mucho, pero tan sublime, particularmente en la poesía lírica, que mereció el nombre de Grande. La envidia de Voltaire se ha esforzado con sus invectivas a arrancarle aquel glorioso epíteto; sus hechuras le han ayudado, pero el público sabe a qué ha de atenerse. Solamente puede hacer minorar el honor de semejante epíteto en el vulgo la casualidad de que poco después de las excelentes poesías de este Píndaro francés, parecieron en el público las obras del célebre filósofo de quien tengo hablado, Juan Jacobo Rousseau, tan dignamente famoso en la república literaria. Aunque no debe confundirse el respectivo mérito y debida fama de ambos autores del propio apellido, esta circunstancia no ha dejado de causar alguna material equivocación al vulgo, no distinguiendo que el epíteto de Grande solamente le corresponde al Rousseau Juan Baptista como poeta lírico.

Otro autor de los más acérrimamente perseguidos de Voltaire fue Maupertuis, de la Academia francesa y de la de las ciencias de París y Berlín, que murió en Bale el año de 1759 a los sesenta y dos de su edad; tan buen filósofo como hábil literato; alternativamente geómetra, astrónomo, naturalista y moralista; siempre fue un escritor instructivo, útil y agradable. Voltaire había sido su amigo y aun su adulador. Sobrevinieron después las notorias diferencias de cuyas resultas salió Voltaire de Berlín: quedó Maupertuis presidente de aquella Academia, y convirtió aquél su amistad en un odio y rencor implacable que ha hecho bastante ruido en el inagotable piélago de las quimeras literarias. Maupertuis se mostró siempre filosofo, su moderación hace grande honor a las letras, como también el conjunto de sus prendas sociables.

Yo he tenido la satisfacción de tratarle y conocer que el verdadero grande hombre debe sentar su mérito sobre la sólida basa de hombre de bien. Entre nuestros sabios son un buen ejemplo y apoyo de este principio Feijoo, Sarmiento, Montiano, Iriarte, don Jorge Juan, que nombro sin agraviar a

otros, porque les he tratado y ya han muerto. En fin, la memoria de Maupertuis, a pesar de sus adversarios, conserva la más distinguida reputación.

No ha sido tan feliz el diarista Freron, que murió en París año de 1776 a
los cincuenta y siete de su edad, y cuya vida fue una continua pelea. Aunque
su Oda sobre la victoria de Fontenoy, y algunas otras piezas hayan merecido
una grande aceptación, nunca escribió una obra magistral que le calificase
de autor clásico; pero como diarista no puede negársele un gran talento.
Le eran muy familiares los autores griegos y latinos. Se hallaba con grandes
conocimientos de los idiomas extranjeros y escribía bien en el suyo. Poseía
un superior juicio para hacer análisis de las obras, un tacto fino para conocer
en ellas los defectos, errores o negligencias, igualmente que los aciertos y
perfecciones; conocía los primores de la lengua, las diferencias del estilo
sabía distinguir con pulso todas sus clases.

Con estas excelentes calidades, con el valor que tuvo para atacar continuamente a Voltaire y demás novatores, con el tesón que conservó en
resistir al soborno, seducción y amenazas de sus adversarios, y con la constancia que mantuvo en proseguir un trabajo tan continuo como el suyo, pues
llega a 150 volúmenes la colección de su año literario; era preciso que se
atrajese la cólera de los soberbios escritores que no sufren que nadie les
toque. Voltaire se encarnizó tan fuertemente contra él como es notorio, y
procuró ridiculizarle en público teatro, usando a cada paso de las desento-
nadas voces de asno, insecto, borracho, y otros mil improperios en repetidos
lugares de los 41 volúmenes de sus obras, y solicitando juntamente con
algunos enciclopedistas, y otros secuaces, perseguir su persona.

Además de la opinión (aunque parcial en mi concepto) del autor con que
me hallo entre las manos, como he dicho a Vm. y de cuya obra le daré noticia
a su tiempo, yo mismo la he formado favorable del perseguido Freron. Su
año literario ha sido una de las obras periódicas que me han gustado más,
no obstante lo poco aficionado que soy a esta especie de escritos, pues
los juzgo más propios para hacer perder el tiempo en adquirir una instrucción superficial, que para saber algo con fundamento. También le añadiré a
Vm. que no apruebo enteramente todas las críticas hechas por Freron, pues
algunas veces hería (como se dice vulgarmente) con vaina y todo, en otras
flaqueaba su pluma, y mostró algo de hiel y parcialidad en varias ocasiones.

He hablado más particularmente de estos tres autores perseguidos de Voltaire, porque contra ellos ha sido más decisivo y continuado su encarnizamiento. Pero en sus copiosos escritos ha maltratado a cuantos se le ponían por delante, como al Abate Guyon (que murió en 1771) autor del Oráculo de los nuevos filósofos: al Abate Nonote, que aún vive, autor de la obra intitulada Los errores de Voltaire, y del Diccionario antifilosófico: a M. de la Beaumelle (que murió en 1773) autor de las Cartas de M. Voltaire en respuesta al suplemento de la Historia de Luis XIV y del Comentario sobre la Henriada.

Hasta con los pretendidos pecados de omisión era inexorable. M. le Tourneur censor real, que ha adquirido nombre con la traducción de Las noches de Young, en que ha sobrepujado al original inglés, trabaja actualmente en compañía del Conde de Cateulan y M. Fontaine Malherve en la traducción del teatro del célebre Shakespeare, del que ya ha publicado tres volúmenes. El primero salió a luz en vida de Voltaire; no habló de sus tragedias en el discurso que precede a las del poeta inglés, y esta ofensa movió de tal suerte su resentimiento, que pronunciando anatema desde su solio patriarcal de filosofía y literatura contra M. le Tourneur, le llenó de injurias y desvergüenzas en la segunda edición de la obra intitulada Bureai D'esprit, que reimprimió poco antes de su muerte.

No crea Vm. que a esto solo se ceñía su cólera contra los rivales que le criticaban y resistían, os contra los que no le incensaban, o no se humillaban y solicitaban prosternados su protección. Usaba también de cuantos medios le sugería su encono, así por correspondencias como de viva voz; e intrigaba con las personas poderosas y con las que tenían parte en el gobierno para hacer suspender las impresiones; para armar cuantas zancadillas caben en los palillos, trámites y reglas de policía establecidas sobre las imprentas; para desacreditar piezas de teatro y otras obras, y para abrogarse una especie de monopolio literario con sus secuaces y clientes.

Puestas a un lado las referidas maniobras personales, no quiero omitir el informar a Vm. del último estado en que este hombre famoso ha dejado la literatura en Francia. No puedo explicárselo mejor que tomando las especies de un escritor amigo mío, que está imprimiendo una obra. «Dice que de sesenta años a esta parte había acostumbrado sus pretendidos republicanos, llamados hombres de letras, al yugo de un dictador.

»Este despótico, autorizado con un montón de títulos, tenía un tropel de aduladores, que bajo de su mando se han ido convirtiendo en tiranos, y con el semblante de buenas gentes, a fuerza de ser el eco y los criados del grande hombre para adquirirse un modo de hacerse valer, han mostrado ser sus adoradores. No pudiendo pretender los honores del apoteosis, a lo menos sirven el templo de su ídolo. Han jurado no dejar elevar nada al lado del coloso de gloria, en cuyo nombre oprimen a los demás con buena intención. Añádase a esto un mundo cansado de aplaudir, harto de admiración, y de quien un solo hombre ha fatigado todos los clarines de la fama, y tiene agotados todos los elogios.

»Si se observa al público, ya se le halla en esta parte enfermo y desganado, y si se le distingue bien con el debido telescopio, como también a los que hacen mover este público, debe calcularse que le es preciso casi treinta años de tibieza para expiar los sesenta de entusiasmo: proporción razonable. Entre tanto no hay que pensar sino en estarse con los brazos cruzados y la boca abierta delante de la Pagoda de Brama.

»La literatura presente casi toda está dedicada al culto de los muertos. Es preciso convenir que el hombre extraordinario, objeto de esta especie de culto, le hace casi verosímil. A los dones naturales y adquiridos, que sería largo describir, juntaba una cierta gitanería, que ha contribuido mucho al esplendor de su fama. Sus correspondencias eran universales. Alababa a todo el mundo, escribía a todos. Durante su vida nombraba cien sucesores, seguro de que no tendría ninguno. Había gradualmente llegado a esta complacencia venal e interesada, que por algunas flores esparcidas, recogía multiplicadas adoraciones.

»En su juventud prodigaba menos los elogios, los dirigía a las lindas, o a los hombres agradables. Su gloria encontraba entonces mil contrarios. En su vejez se puso a elogiar los tontos, y ha tenido por suyo casi todo el universo. Sería locura en este momento pretender cualquiera celebridad literaria; sobre todo, si a un verdadero talento se junta la independencia que le ennoblece y una cierta severidad que le deja solitario.

»Sin embargo la época actual no impide la carrera de las letras a todo buen entendimiento que calcula la disposición involuntaria y conducida por las circunstancias en que el público se halla sin saberlo, sigue por hábito un movimiento progresivo que se le ha dado; movimiento que le hace padecer, que le fatiga, pero que le arrastra, porque una vez llevado al declivio de la cuesta no es fácil detenerse». Así razona este literato mi amigo.

En esta situación de sistema literario, han seguido los filósofos las huellas de su patriarca: sus antagonistas, las de sus opositores; los indiferentes, las inclinaciones de su natural y su profesión; los romancistas, poetas, diaristas y otros escritores el corriente de sus fines e ideas, y hasta las damas el impulso de sus modas en literatura: de todo iré haciendo a Vm. un ligero bosquejo.

Los preciados filósofos de nuestros días, como dejo indicado, remiendan, añaden y dan nuevo color a las ideas y extravagancias de los novatores y de algunos impíos y libertinos de los dos últimos siglos. Tuercen el sentido, o malean los principios de los verdaderos filósofos, y levantando sobre semejantes cimientos sus altos edificios, quieren señorear el país con sus singulares opiniones.

Como me ciño a solo los escritores franceses, no hablo de otros. No me detendré tampoco en hacer mención de todos; me contentaré con señalar tal cual fuente (se entiende de las nacionales) para hacer conocer, como por ejemplo, el manantial de donde nacen estas caudalosas inundaciones.

Las obras del célebre Miguel de Montagne, que murió en 1592, autor original, en boga desde entonces, lo está mucho más en nuestro tiempo, pues han llegado a ser sus ensayos una fecunda mina que nuestros filósofos no dejan de apurar. Bien sabe Vm. la revolución que causaron en el mundo filosófico Descartes, que murió en 1650, y Gassendi en 1656. Al primero se le ha considerado como padre de la filosofía en Europa.

Entre otros sobresalientes rasgos de su ingenio, le hace digno de inmortalizarle el de la aplicación que supo hacer de la álgebra a la geometría. Fue como el precursor del gran Newton inglés, que no puedo menos de nombrar. Enseñó a dudar, a saber investigar los orígenes de las cosas y a rectificar las ideas. Abrió nuevos caminos a las ciencias; extendió los conocimientos humanos; y también como una consecuencia de nuestra misma miseria, arrastrado de su enardecida fantasía, creó e imaginó sistemas que se pueden calificar de novelas filosóficas. Pero aún errando supo errar, y a pesar de algunos deslices fue un grande hombre. Sacó de su propio fondo una verdadera filosofía para su conducta moral; pues en medio de ojerizas y disgustos supo poseerse y se manejó con una serenidad que no han sabido seguir sus pretendidos imitadores los filósofos modernos.

El segundo, propiamente segundo en orden entre los filósofos franceses, declarado contra Descartes causó la bien sabida división de Cartesianos, y Gassendistas. Algunas ilusiones de Gassendi dieron campo a sus enemigos para poner en duda su fe. Nada hay más común en las disputas literarias, que el verse combatido un autor por otro motivo diferente que el de la causa que se ventila. La calumnia quedó por fin disipada, y reconocido ortodoxo. Véase su vida escrita por el P. Bougerel del Oratorio de San Felipe Neri, citado por el autor que sigo.

A estos dos grandes filósofos que abrieron nuevas sendas, pero que no solo conservaron los buenos principios, sino que también los consolidaron, extendieron, e ilustraron, se siguieron y siguen otros que sin tanta imaginación, sin tanto ingenio, sin tan distinguido talento, sin tan iguales luces y sin tan recto corazón, envenenando sus principios y pretendiendo imitarlos solamente en los respectivos deslices de ambos, han propagado y extendido las quimeras en que cayeron, amontonando después absurdo sobre absurdo, de que han nacido tantas monstruosidades.

Peyrere, que murió en 1676 a los ochenta y dos de su edad, se hizo célebre y desgraciado con su sistema de los Preadamistas, pretendiendo probar con algunos lugares de San Pablo la existencia de los hombres antes de Adán; paradoja bien extravagante. Por este rumbo se precipitan los hombres cuando olvidados de la flaqueza de la naturaleza humana, desvanecidos por su presunción se hacen fuertes con las débiles máquinas que les sugiere la sutileza de su desmesurado amor propio.

St. Glain que murió a fines del siglo pasado retirado en Holanda para profesar más libremente el Calvinismo, degeneró en ateísta con la lectura del famoso Espinosa. Había allí empezado sus trabajos literarios con la composición de la gaceta. Después hizo la traducción del Tractatus Theologico Politicus, manantial de donde los Filósofos de este siglo han sacado los argumentos con que se han divertido en formar tantas declamaciones contra Moisés, y el Antiguo Testamento.

De cualquiera materia hacen asunto estas gentes para prorrumpir en proposiciones descabelladas. Hasta de las máximas morales del Duque de la Rochefaucauld sacan un jugo ponzoñoso. A este autorizado autor que murió en 1680, y hace honor a su siglo, a su nación y a su cuna, se le puede criticar el nombre de Máximas que da a la obra moral que le ha adquirido su establecida reputación. La palabra Máximas corresponde a las verdades evidentes y consagradas por una general adopción, y no a pensamientos que pueden ser ciertos pero que son nuevos, y no deben mirarse como frutos de la meditación de un hombre que reflexiona para sí mismo, sin tener derecho para fijar las_ ideas de los otros. La obra es excelente, pero no para dejarse llevar sin discernimiento de la corriente de sus ingeniosas ideas. Sobre el móvil universal del amor propio forma una especie de sistema, en el que girando la mayor parte de sus pensamientos, salen falsos muchos de ellos, y otros propasados.

Es preciso distinguir sus principios para no equivocarse en el crédito que merecen. Carga demasiado a los hombres, y a veces los condena rigorosamente por aprovechar una agudeza, expresión o dicho, cuya energía y gracia no quiere perder, y sacrifica a este flaco la mayor solidez, o la verdad más evidente de sus moralidades. Por falta de reflexión y conocimiento se han dejado llevar muchos de la fuerza de sus brillantes imaginaciones, sirviéndose de unos testigos tan sospechosos para probar otras ideas falsas, absurdas y a veces arriesgadas.

Acercándonos a los contemporáneos de Voltaire, tropezamos con el atrevido Pedro Bayle, que murió a los sesenta años de su edad en el de 1706. Este célebre crítico es bien conocido de todos. Su dialéctica sutil, su ingenio, su travesura, su destreza, su avilantez, su osadía, en fin todas aquellas calidades que pervertidas por el abuso de una imaginación ardiente, y arrastradas de una torcida intención forman un hombre maligno y arriesgado, concurrían en este incrédulo filósofo. Bien notorias son las indecencias, las paradojas, las contradicciones y el Pirronismo que reina en su famoso Diccionario, cuya lectura ha causado una casi general seducción.

Víctima de ella ha sido el alucinado y docto Freret, que murió en 1749. Este erudito filósofo cebado en la lectura de Bayle en el largo tiempo de su prisión en la Bastilla, de resultas del primer discurso que leyó en una sesión pública en la Academia de las Inscripciones y buenas letras, quedó tan lleno de los principios siempre fluctuantes de aquel peligroso autor, que la mayor parte de sus obras se resienten de cierta incertidumbre de ideas, fruto ordinario de una indigesta erudición que marcha al acaso. No puede negársele un grande talento, y un amor al estudio, que le ha procurado vastísimos y casi universales conocimientos.

Sus obras son instructivas para quien sepa apartar de ellas los errores con que las emponzoña y con que altera los hechos que halla opuestos a sus ideas o sistemas. Sobre todo merecen particular cautela, y atención la obra intitulada: Examen de los apologistas de la religión cristiana, y su carta de Trasíbulo a Leucipo, que pueden considerarse como la quinta esencia de los sistemas de Hobbes y de Espinosa, y el manantial de donde el autor del Sistema de la naturaleza, ha ido bebiendo y maquinando sus sueños. Estas dos obras son las que sirven como de reportorio a los incrédulos. Entre otros el autor del Diccionario filosófico (Voltaire) ha sabido vestir con éstas aquella compilación de sus eruditas y disfrazadas noticias.

Lástima es que un literato como Freret, tan digno de un ilustre lugar por su talento, con el abuso de él se hubiese precipitado, y haya arrastrado consigo a los que le han seguido en el propio frenesí. La independencia, el orgullo, la terquedad, la blasfemia, el Egoísmo impertinente, son el fruto y la consecuencia de sus ilusiones. Éstas dan desde luego ocasión de descamino y de locura a los genios inquietos y espíritus débiles, que se llaman espíritus fuertes, que solo esperan ver autorizadas algunas falsas ideas que congenien con las suyas, para dejarse conducir de su impulso, y aun todavía llevarlas mucho más lejos.

Cuando el entendimiento humano deja la rienda suelta a su imaginación, se desboca hasta un término que no es fácil señalar. Maillet, que murió en Marseilla en 1738, y había sido Cónsul en el gran Cairo, es buen ejemplo. Su obra intitulada Trelliamed es de las más absurdas y extravagantes que se han dado a luz. Basta indicar el sistema. Trata de explicar las diferentes revoluciones de nuestro globo por bien extrañas conjeturas. Según él los más altos

montes han salido de las aguas, y la generación de los hombres ha empezado por los peces; con otras mil quimeras y delirios que son evidentemente
producción de un cerebro exaltado. Sin embargo este libro no ha dejado de
hacer su poco de fortuna entre los filósofos del día. Triste prueba del infeliz
estado de su desatinada imaginación, que tanto los alucina.

Otro ejemplo do un cerebro exaltado es el médico M. la Mettrie de la
Academia de Berlín, en donde murió en 1751 de cuarenta y dos años.
Su instrucción tocante a Medicina pasa por excelente, pero era un autor
frenético en sus libros de filosofía. Se hallaba en Holanda cuando publicó El
Hombre maquina, obra que le hubiera conducido al cadalso, si no hubiese
escapado prontamente.

Puede Vm. discurrir la actividad de la ponzoña de semejante obra, cuando
en una república de toda libertad de conciencia como la Holanda no se
ha tolerado. Toca al extremo de considerársela como una peste, y cuando
ésta llega a sentirse en cualquiera país, se procura atajar el que cunda. La
libertad de la imprenta tiene sus límites. El choque de los entendimientos y
disputas produce la luz, pero en ciertas materias el mismo choque propaga
un incendio, que debe cortarse pronta y prudentemente. En fin este autor
logró la rara fortuna de hallarse desengañado de sus errores en los últimos
tiempos de su vida, de hacer las más solemnes protestas, y mostrar su
verdadero arrepentimiento con bien claras señales, pues vivía en un país
libre como Berlín, y en que estaba protegido sin que nada ni nadie le obli-
gase a retractarse de sus errados principios.

El Marqués de Argens de la Academia de Berlín, que murió en Provenza
de sesenta y seis años en el de 1770, es uno de los precipitados en este
abismo de filosofía moderna, de resultas de una mal dirigida erudición; y
es uno de los que han hecho con ella bastante daño. En el auto público
de fe celebrado en Lisboa el año de 1766, salió un hombre de letras que
tenía un corregimiento, a quien fue necesario ponerle mordaza. Las Cartas
judías, y otras obras de aquel autor pervirtieron de tal suerte a este infeliz,
que aquel tribunal le sentenció a prisión perpetua. He sacado este ejemplar
como notorio, pero hay muchos que poco cautos, y llevados de la amenidad
de esta especie de obras, han padecido en sus entendimientos y en sus
corazones aquella turbación que no puede menos de causar semejantes

desbarros. Por fortuna ya las obras de este autor han pasado de moda, y solamente sus Memorias son las que han conservado algún crédito.

Helvetius y Toussaint son dos autores de quienes no puede dejarse de hacer mención. El primero cebado en las letras con entusiasmo se dejó arrastrar de la ambición de hacerse célebre, y publicó su famoso libro de l'Esprit, que tanto ruido ha hecho. Conoció luego sus errores pero temiendo enojar la tropa filosófica, en cuya bandera se había alistado, tomó el partido de no volver a escribir, por no atraerse el encono y persecución de sus crueles compañeros, reputándole como desertor. Sin embargo se retractó, y ha sido el amigo y protector principal del Abate Sabatier de Castres, que es un antifilósofo en el sentido que voy hablando, y uno de los que se han atrevido a esgrimir la pluma contra esta turba en su Ratemania publicada en 1767; en el libro intitulado Tableau Philosophique, y en otras obras de que hablaré.

Tenía Helvetius ingenio, talento y buena índole. Las consideraciones que había guardado le bastaron durante su vida, para evitar la rabia de estos mansos filósofos, pero no para salvar de ella sus cenizas. Después de su muerte, que fue en 1771, le maltrató Voltaire duramente en el tomo VI de su obra intitulada Cuestiones sobre la Enciclopedia, y a su protegido Sabatier en su obra intitulada Diccionario de Calumnias, denigrándole furiosamente y levantándole varios testimonios según su acostumbrado estilo filosófico.

Toussaint de la Academia de Berlín y profesor de buenas letras en aquella corte donde murió en 1772, escribió mucho, pero lo que le dio conocido nombre fue su libro intitulado Les meurs (Las costumbres) que mereció el acogimiento de los filósofos y la condenación del Parlamento de París. Aunque el autor se desvía varias veces del verdadero camino bajo el pretexto de dar lecciones morales por lo menos ha sabido respetar algunas cosas. No ha combatido, como otros han hecho después, la existencia de Dios, la inmortalidad del alma y la necesidad del culto. No se ha desatado contra los preceptos de la moral cristiana. Ha mostrado un cierto respeto por la mayor parte a las virtudes religiosas y sociales. Ha escrito con un carácter de moderación y dulzura muy rara en esta secta de filósofos; con lo que parece ha disgustado algo a los demás individuos. De suerte que los decidores chistosos de este cuerpo han puesto a Toussaint el sobrenombre de capuchino de la secta.

Por esta ligera pintura y otras, podrá Vm. sacar una idea del pie en que aquí se halla la filosofía moderna y la literatura en la respectiva cadena que forman la serie y tono de sus profesores y sectarios.

Se me olvidaba M. Boulanger, que no es para omitido. Murió en 1759. Era ingeniero de puentes y calzadas, y más hubiera convenido que se hubiese quedado en los límites de su profesión. Su obra Le Christianisme devoile está llena de blasfemias, imprecaciones y absurdos que revuelven el ánimo de todo hombre racional. Le Despotisme Oriental y L'Antiquite devoileé respiran más o menos la independencia de toda especie de autoridad y religión.

No he hablado del presidente Montesquieu, porque las Cartas Persianas, producción de sus primeros años; las Consideraciones sobre las causas de la grandeza y decadencia de los Romanos, y el Espíritu de las leyes que ha hecho tanto ruido, son obras demasiadamente conocidas, y han hecho tan célebre a su autor, que no me detengo a hablar de ellas, ni sé en qué lugar colocarle. Los filósofos le reclaman por suyo. En parte tienen razón, pero no pueden gloriarse de que lo sea enteramente sin embargo de los licenciosos deslices y discusiones demasiado libres e indecentes de su primera obra, fruto de su juvenil edad, y de algunas atrevidas ideas y arrojadas proposiciones de la tercera, especialmente según nuestro establecido gobierno legal y disciplina eclesiástica.

Estaba tan lejos Montesquieu de ser enemigo de los principios de la religión, que ha refutado a Bayle que los había combatido, y su muerte (en 1755) ha sido muy cristiana. Por estos motivos aunque ellos le reclamen, han procurado rebajar su mérito, especialmente Voltaire, que junta a estas causas el fin de querer para sí solo toda la fama de grande hombre, y le hace Montesquieu demasiada sombra. Continuaré otro día, en este ya estoy cansado de escribir, no del deseo de emplearme en complacer a Vm. cuya vida gue. Dios ms. años.

IV. París 12 de marzo de 1780

Amigo y Señor: entrando ya a hablar de los autores que sobreviven a los dos mencionados patriarcas Voltaire y Rousseau, lo haré lo más rápidamente que pueda, y empiezo por d'Alembert y Diderot, que deben ocupar los primeros lugares.

M. d'Alembert (que nació en 1717) es el secretario perpetuo de la Academia francesa, miembro de la de las ciencias, de la real Sociedad de Londres y de las Academias de Berlín, Rusia y Suecia, &c. Su obra intitulada Melanges de literature, que podemos traducir Miscelánea literaria, y algunas otras en que se ha metido a hablar de todo, con la manía de querer hacerse universal, no le ha atraído mucho honor, y aun casi le excluyen de la clase de los sobresalientes literatos franceses; pero en la científica merece un distinguido lugar.

Se le considera como el más hábil geómetra de la Francia, y en esta parte superior a Voltaire, que no tenía calidad particular sobresaliente, como muy oportunamente expone el Abate Sabatier en una carta escrita en Versalles a 20 de Marzo del año pasado al Abate de Fontenoy, diarista de los avisos para la provincia, refiriendo en ella la anécdota ocurrida pocos años hace en casa de M. Duclos, secretario perpetuo de la Academia francesa, a quien, por su muerte en 1772, sucedió M. d'Alembert.

Se hallaban en dicha casa diferentes sabios, y habiendo rodado la conversación sobre el talento enciclopédico de Voltaire, un famoso jurisconsulto alemán apuró su elocuencia en elogio suyo; pero le dio una exclusiva sumamente redonda en todo lo concerniente a jurisprudencia, legislación, política, &c. concluyendo que en lo restante le calificaba de un ingenio universal. El docto M. de Mairan, secretario de la Academia de las ciencias (que murió en 1771) continuó los mismos elogios, y también hizo su correspondiente excepción por lo tocante a física, &c. El propio lenguaje iban siguiendo los demás sabios en sus respectivas facultades, de suerte, que el hombre universal se iba reduciendo a poca cosa, y M. Duclos, por política, rompió la conversación.

El continuador del Diccionario Histórico del Abate l'Advocat, edición del año pasado, hace muy severa crítica a Voltaire, casi por este término, en el artículo destinado a su memoria, como cita dicho Sabatier en la misma carta, la que podrá Vm. ver al fin del cuarto volumen de los Tres siglos de la literatura francesa, también edición del año pasado, corregida y muy aumentada. Esta obra es la que sigo, la que sin nombrarla, tengo citada a Vm. en mi carta de 11 de enero, y la que ahora ya le descubro. Insensiblemente me iba saliendo de mi asunto con toda esta digresión: vuelvo a M. d'Alembert.

Este célebre geómetra está aquí considerado como el sucesor de Voltaire, y el jefe de los filósofos modernos del día. Pero es preciso decir en su abono, que no ha caído en los excesos y puerilidades de sus subalternos. Creo sabe Vm. que la Emperatriz de las Rusias solicitó llevarle a su corte, que se excusó, y que en su lugar llamó a M. Diderot, que ha estado en aquel país algunos años. En la Academia francesa ejerce una especie de despotismo. La consideración de que goza le hace enteramente dueño de aquella llave, con que abre y cierra sus favores. No digo que siempre abuse de ella, pero a muchos he oído quejarse, y no es extraño que llevado de parcialidad, sea poco justo algunas veces en su resolución, que arrastra las de sus colegas. Su Ensayo sobre las gentes de letras ha sido una obra generalmente aplaudida por todos los partidos: su plan es excelente y merece la común aprobación; pero por desgracia, como se queja Sabatier, están muy lejos de realizarse las felicidades que en él se proponen.

En fin lo que le ha dado más conocida celebridad es la Enciclopedia. Su discurso, que sirve de prospectus a esta prolija y laboriosa obra, es magistral. La Enciclopedia es una grande obra, que algunos sabios la miran como una indigesta compilación muy salpicada de paradojas y errores; y a otros los llena de admiración, y la consideran como un riquísimo tesoro, y que hace famosa época en las letras. Discurro tendrá Vm. noticia de las varias ediciones que de ella se han hecho. Yo recomendaría a Vm. la de Luca, porque tiene unas excelentes notas, puestas por hombres muy ortodoxos y doctos. No obstante, por lo que respeta a ciertos puntos de Derecho, sería necesario variar las ilustraciones en tal cual de ellas; pues como autores italianos llevan algunas opiniones que no se conforman mucho con las nuestras.

Diderot es el otro jefe Enciclopedista, y principalmente conocido por ser el delineador, el enganchador de los obreros y el ordenador de sus labores. Él mismo ha trabajado muchos materiales, ha compilado algunas obras de otros autores, las ha alterado, retocado y abreviado para servir de artículos en dicha vasta obra. En el trato es hombre de una grande elocuencia; no tiene la misma en sus escritos, y el espíritu de universalidad, que es el principal vértigo de estos modernos filósofos, le ha hecho dar al público producciones muy medianas. Paso en silencio los demás defectos de que abundan, y los crasos errores que contienen, como una consecuencia del sistema abrazado en este tiempo por este corifeo de la filosofía, y por los otros filósofos de la misma especie.

Se le acusa de plagiario y sumamente oscuro: Los principios de la filosofía moral vienen a ser una traducción muy libre del Ensayo sobre la virtud y el mérito de Milord Shaflérburit: Los pensamientos sobre la interpretación de la naturaleza en grande parte son del canciller Bacon, lo que Diderot tiene el cuidado de callar: El código de la naturaleza es cosa más suya, y propiamente como suya: sus Pensamientos filosóficos es masa de la misma harina: la Carta sobre los sordos, la Carta sobre los ciegos, Les Bijoux indiscrets, que traduciéndose de priesa podemos decir Las bujerías o dijes indiscretos, novela muy puerca: la comedia el Padre de familia, asunto sacado de Goldoni; el Hijo natural, otra comedia; varios elogios y algunas otras obras, son producciones que le han acreditado y desacreditado casi alternativamente, según la calidad diversa de lectores que tiene esta capital, y según el más o menos de bueno y malo que en ellas se encuentra.

Pero lo que enteramente le desacredita entre los hombres sensatos, es la ruidosa obra del Sistema de la naturaleza, haciéndole principalmente abominable a todos los que saben la audacia y maldad con que ha dispuesto que se atribuya esta obra, por póstuma, a un hombre como el respetable anciano Mirabeau, secretario perpetuo de la Academia francesa, que murió en 1760 de ochenta y seis años. Corramos la cortina y prosigo en dar a Vm. noticia de la turba de los demás filósofos y literatos que aquí figuran en el día en la comitiva de estos dos corifeos. Verdaderamente, según los síntomas en que se halla la filosofía, dice Sabatier, que esta calidad de profesores celantes, están ya en la víspera de solo conservar el nombre de sofistas, como sucedió en los tiempos antiguos después de los respectivos siglos de Pericles y Augusto.

El Marqués de Condorcet, secretario de la Academia de las ciencias, nacido en 1743, es uno de los primeros subalternos del partido filosófico que ha procurado ensalzarle según su costumbre. Como el uso del tal partido es no alabar sino por comparación y reconocimiento, se han colocado los elogios que como secretario de dicha Academia ha escrito de muchos Académicos (entre otros el de Voltaire) en grado muy superior a los de un predecesor suyo de tano nombre y mérito como fue M. de Fontenelle. En la Enciclopedia ha trabajado varios artículos. En las obras polémicas vierte mucha hiel. Bien lo muestra en las tres cartas contra la excelente obra de M. Necker sobre la legislación de los granos. Pero la que con razón encoleriza a su antagonista el Abate Sabatier, es otra que intitula Carta de un teólogo al autor del Diccionario de los tres siglos; en lo que no entro, pues son muy molestas semejantes disputas literarias tan mezcladas de personalidades.

Antes de tratar de otros, quiero hablar de M. Beaurieu, solamente para informar a Vm. que es el autor de la obra intitulada L'Eleve de la nature, el Discípulo de la naturaleza, que publicó bajo el nombre del celebre Juan Jacobo Rousseau. Algunos, y por poco tiempo lo creyeron, o la confundieron con el Emilio de dicho Rousseau: equivocación muy pasajera, como que la diferencia es extra-límites de toda comparación. Algunas otras obras que ha escrito, como un Curso de Historia Sagrada y Profana, y un Epítome sobre la Historia de los insectos, quedan muy en la clase de medianas.

M. Marmontel es otro de los hombres universales de esta capital. El género que parece le es más propio es el de los asuntos agradables y de bagatelas, como ciertas piezas de teatro que se parecen a nuestras zarzuelas y que aquí llaman ópera cómica. El género trágico y el lírico, en que ha probado su musa, no son de su esfera. En la prosa el género más conforme a su talento es el de cuentos o novelas. Sus Cuentos morales fueron generalmente muy bien recibidos del público. Este buen acogimiento no era suficiente para su ambición. Quiso alistarse en la bandera filosófica, y dio a luz el Belisario, que a no haberse prohibido, hubiera tenido muy pocos lectores. El escándalo que causó fue el motivo de su pasajera celebridad, y el entusiasmo filosófico de alguno de sus sectarios ha tenido el atrevimiento de compararle al Telémaco.

La novela o romance heroico Los Incas; el Lucano traducido, que ha querido vestir a su modo la epístola intitulada La voz de los pobres, y algunas otras ligeras producciones, no le han adquirido aplauso alguno. Lo que sí parece ha logrado una casi universal aprobación, después de sus Cuentos morales, son los artículos que ha compuesto para la Enciclopedia y su Suplemento. La adopción filosófica le ha conseguido una plaza en la Academia francesa.

M. Thomas individuo de la misma, se ha adquirido nombre por los Elogios Históricos que ha publicado. En Madrid se ha traducido el de Sulli, y no sé si algún otro. El Abate Sabatier les hace una fuerte crítica. Los califica de oscuros, cargados de términos técnicos, llenos de metáforas poco inteligibles, muy atadas a principios matemáticos, siguiendo un estilo geométrico en cosas de muy diversa especie, y llevando un tono filosófico, adusto y árido, sin plan ni orden. Pero confiesa que de tiempo en tiempo se encuentran pasajes brillantes y nerviosos expresados con energía. Le parecen los mejores el elogio del canciller d'Aguesseau, y el de Duguai Truain.

Después ha dado al público el Ensayo sobre los elogios en dos tomos. Verdaderamente son demasiado dos tomos para ensayo y para semejante materia. Ocupado el autor en dominar su asunto, se olvida y desvía de él. En vez de ceñirse a lo que son elogios, hace la historia de la alabanza. En vez de hacer conocer los escritores panegíricos, entra a dibujar los héroes que se celebran. Éstas y otras críticas hace también Sabatier a esta obra, y le confiesa otras buenas calidades. El Ensayo sobre el carácter, las costumbres y el espíritu o entendimiento de las mujeres, ha sido otra de sus obras muy leídas, y que parece tuvo el designio (malogrado) de atraer el sexo a la filosofía.

Su primer escrito en 1756, fue un volumen de 300 páginas intitulado Reflexiones filosóficas y literarias sobre el Poema de la religión natural, obra de Voltaire, a quien critica en ésta suya. Pero se le ha perdonado aquel delito, habiendo entrado en el sagrado filosófico, y seguido su tono dogmático y de magisterio. Ha sido aplaudido por los corifeos y secuaces; se han coronado sus obras y fue admitido en su formidable cuerpo.

M. de la Harpe de la Academia francesa, es uno de los escritores muy eficazmente protegidos, y cuyo mérito es bastante difícil de definir. Su suerte es aquí de las más controvertidas entre los literatos modernos. Su talento viene a ser un cajón de sastre, que a veces se ha visto bien ridiculizado. Poeta y prosador en casi todos los géneros, como es la moda, ha compuesto en la primera calidad varias eróticas, poemas, odas, epístolas, tragedias y comedias. La tragedia intitulada el Warwick parece que pasa por la mejor, y dicen no es suya. Thimoleon, Faramond, Gustavo Vasa, Menzikoff, las Bermecidas confirman aquel mismo juicio. Melania ha sido una pieza muy aplaudida por Voltaire, cuya prodigalidad para con sus clientes y adoradores no tiene término. En calidad de prosador la traducción de Suetonio, los Elogios históricos y otras obras han logrado igualmente la buena acogida de sus mecenas, y sido la risa de una gran parte del público literario.

También es diarista, pero no siempre dichoso. Tuvo la desgracia de que muriese en sus manos el Jornal, o Diario de política y literatura. Conserva el Mercurio de Francia por la segunda vez que ha vuelto a tomarle. Choca al público el tono imperioso y decisivo con que ejerce las funciones de jorna- lista. Logra en este ejercicio la doble ventaja de alabarse a sí mismo y a sus paniaguados; de motejar, rebajar y criticar los autores antiguos y modernos según le vienen a su intento, y que no son de su asa. Juzga sobre los teatros y ostenta su majestad como desde un trono, decretando y pronunciando sus sentencias con absoluto dominio; pero con la poca suerte de verse las más veces poco respetado y mal obedecido.

Han sido ruidosas entre esta turba literaria sus diferencias con el diarista M. Linguer, de cuya desgracia fue causa, y de quien hablaré otro día. Es bueno que tenga Vm. una idea de esta especie de escritores, para un fundado conocimiento del actual estado de la literatura francesa, como que por el conducto de sus obras periódicas se suelen dar muy equivocadas especies y apasionados extractos o análisis según la fuerza del partido y la crisis de sus desavenencias. Conocimiento que tiene mucha conexión con la serie de la filosofía moderna; del verdadero mérito o demérito de las piezas premiadas en las Academias; de las obras más o menos útiles y legítima- mente aplaudidas; y en fin con la serie de la misma literatura y estado más o menos floreciente de las ciencias.

M. de Gomicour es otro cliente de los mencionados corifeos. En su obra intitulada el Espíritu de los filósofos y escritores de este siglo pone a d'Alembert a la cabeza de todos los filósofos, no solo de su nación sino de toda Europa. Añade que este siglo no cede en nada a los más célebres. Sin duda que no tiene presentes los de Pericles, Augusto, León X, y el decantado siglo francés de Luis XIV. Todos aquellos siglos degeneraron, y el último lleva bien las apariencias de correr la misma suerte, según el referido Abate Sabatier, que me parece lo funda. También es diarista M. de Gomicour, y con fortuna, pues su obra periódica intitulada el Observador francés en Londres está bien escrita y recibida del público. Este autor es más acertado y juicioso cuando escribe según sus propias ideas, que cuando se deja llevar del entusiasmo filosófico.

M. Eidoux, contado entre los del mismo partido, ha tomado por objeto de sus trabajos literarios las traducciones, en cuyo género es infatigable. Pasan de cuarenta las que ha hecho del inglés y del latín. Excepto el Diccionario de Medicina que tradujo en compañía de M. Diderot, lo demás no merece grande atención. Ha contribuido con algunos artículos a la Enciclopedia, que pasan por cosa muy mediana y vienen a ser otras tantas traducciones.

El Caballero de Saint Mars es otro ente literario que no puede dejarse en silencio. Por la manía de singularizarse ha echado por una senda bien fuera de camino. Se ha empeñado en desacreditar a Horacio y los más célebres antiguos, y en zaherir a la Fontaine y los más estimados modernos en su obra intitulada Tableau de l'esprit et du coeur, Pintura del entendimiento y del corazón. Muchos de los filósofos del día tienen semejante lenguaje en varios lugares de sus obras; pero este Caballero se ha dedicado expresamente a tan sofísticas paradojas en esta obra y en algunas otras con que ha regalado al público.

M. Robinet es otro extravagante por diverso término, y hombre mucho más científico. Está reputado como otro Diderot. Es el autor principal del Suplemento de la Enciclopedia. Posee en alto grado los mismos talentos del Sinedrio filosófico, esto es, mucho énfasis, mucha oscuridad, mucha osadía, mucho aire de suficiencia y demás requisitos de moda de la suprema literatura.

Su obra intitulada la Naturaleza, obra sumamente abstracta, me costó casi una enfermedad. Según él, todo es inteligente y animado. Hágase Vm. cargo de que, cuando come un plato de fresas, se traga otros tantos animalitos tan sensibles y con casi tanta alma como Vm. mismo; que cuando Vm. huele una rosa, casi puede ponerse a conversación con este fragrante animal; y que cuando Vm. agarra una piedra se expone a un homicidio; esto es, a un lapicidio si la rompe contra un hierro, u otra materia dura. Hasta nuestro globo le reputa por un animal en el todo del universo.

Discurra Vm. si para seguir el hilo de semejante disparatado sistema no se necesita aguzar bien el entendimiento y la reflexión; y si basta cuanta Geometría, Aritmética y demás partes matemáticas, físicas y metafísicas contienen las ciencias conocidas, para atar tan estudiados y seguidos desatinos. Es preciso no confundir la citada obra con la intitulada Contemplación de la naturaleza del ginebrino M. Bonnet, que aunque se parecen algo en sus extravagancias y sueños, es más metódica la de Bonnet, y la mitad menos voluminosa.

Robinet ha aumentado seis volúmenes al análisis de Bayle que comenzó el Abate de Marsi; compilación impía, y que por fortuna no ha hecho progresos, como tampoco sus traducciones de algunas obras inglesas.

El Abate Ivon es otro filósofo de la primera jerarquía. Ha trabajado los intrincados artículos Dios, Alma, Ateo para la Enciclopedia de un modo que ha suscitado la indignación de todos los teólogos, de todo el cristianismo y de todos los hombres sensatos. No puedo menos de remitir a Vm. al citado autor de los tres siglos, que en su artículo, al fin del tomo IV de la edición citada, combate metódica y exactamente los impíos sofismas de este alucinado Abate, cuyo sistema es tan impropio de su profesión y estado.

Omito el hacer mención de otros autores menos conocidos, pero de la misma escuela. Sus producciones impías, obscenas, calumniosas, blasfemas, llenas de amargas críticas y de un sistema de incredulidad e independencia sumamente absurdo, tienen igualmente que las de los referidos tan corrompido el mundo culto, como escandalizado el mundo literario. He dejado expresamente para final de esta carta en que me he dilatado más que pensaba, al Abate Raynal.

Este Abate, académico de Londres y de Berlín, escribió la historia del Parlamento de Inglaterra, y la del Statuderato: obras que no fijaron la opinión pública. Se ve en ellas el tono declamatorio, un montón de antítesis, cierto encadenamiento de pensamientos simétricos, que más bien caracterizan el pincel académico que la vigorosa mano del historiador. Por desgracia de la literatura, y por prueba de su decadencia, tal es el adulterado estilo de moda que cunde lo que no es decible. Éste suele conseguir no solo una benigna acogida y el perdón de tan capitales defectos, sino también un extraordinario aplauso cuando va acompañado de cierta brillantez de espíritu, de varia fecundidad de imaginación y de una arrogante elegancia de dibujo y de bien decorados adornos, como sucede en las obras del Abate Raynal.

Pero la que junta completamente estas calidades y le ha dado la más extendida fama que goza, es su Historia filosófica y política del establecimiento y comercio de los europeos en las dos Indias. Esta célebre obra es la más seductora, la más depravada, la más curiosa y de extensa instrucción, la más inductiva en errores de toda especie, y la más buena y más mala de cuantas se han escrito en estos últimos tiempos. Es costumbre de la mayor parte de los escritores de París publicar anónimas sus obras, para ver la crítica o el aplauso con que son recibidas según el éxito darse a conocer, empezando el autor por dejar susurrar su nombre entre las gentes de letras. En este estado se hallaba la dicha historia filosófica cuando el Abate Sabatier compuso su artículo en la citada obra de Los tres siglos, que por algunas consideraciones no le habrá parecido mudarle en la última edición.

Le hace su bien merecida, aunque breve crítica y suponiendo ser un falso ruido, dice: «Que le sería demasiado vergonzoso encanecer en medio de semejantes fábulas, y dejarse ir de aquel modo a declamaciones tan irritantes como pueriles contra la religión, el gobierno, las costumbres, la decencia: que si esto se llama escribir como filósofo los anales de las naciones, todos los sucesos no tardarían en verse alterados, disfrazados y dirigidos al fin de una general subversión». Añade por último: «El Señor Abate Raynal habrá sentido mucho una imputación que tanto ofende su carácter y sentimientos: sus escritos no han anunciado nunca que su pluma pudiera prostituirse a tales excesos: esta monstruosa historia no puede haber nacido sino de un cerebro exaltado de algún filósofo Archimaniaco, obstinado en morirse a medio de los accesos de su frenesí».

Para mayor conocimiento del juicio que se ha hecho de esta ruidosa obra, voy a darle a Vm. un autorizado y sólido texto, muy distante de París. Bien conoce Vm. el ministerio del famoso Marqués de Pombal. Se halla Vm.

con suficiente noticia del tribunal establecido en Lisboa con el nombre de Real mesa censoria. También sabe Vm. lo muy meditada que fue la elección de aquellos censores: pues oiga Vm. la sentencia que por resolución, y en nombre de su M. Fidelísima pronunció aquel supremo tribunal. Después del regular preámbulo de estilo, dice: «Y hecho sobre la referida obra el debido examen en repetidas conferencias, se halló: Que su autor es uno de aquellos hombres extraordinarios, que aun en las obras más indiferentes de las ciencias naturales y de la Filología, por su naturaleza inocentes, esparcen como por sistema el mortífero veneno de su libertinaje, no perdiendo ocasión de preparar capciosos lazos a los espíritus débiles y a la mocedad inadvertida, para apartarlos de la creencia verdaderamente cristiana y ortodoxa, y hacerlos sectarios de la errónea, impía y reprobada filosofía. Pasando más adelante, el sobredicho autor anónimo, a insinuarse escandaloso monarcomacho; a atacar las leyes más santas; a desacreditar las naciones más cultas; a denigrar los ministros más ilustrados; y a infamar los establecimientos más prudentes e importantes. Por cuanto escogiendo el autor de la sobredicha obra (escrita por mano tan poco hábil, que en ella se dejan ver, no solo falsedades notorias, sino también evidentes contradicciones) un asunto especioso para atraer los curiosos lectores, persuadir una buena fe y disfrazar su detestable entusiasmo. Reprende la profesión cristiana como imperiosa; declara por absurdas las antiguas leyes que favorecían el religiosísimo culto de los cristianos, y prohibieron el Paganismo. Hace permitida la poligamia por aquella misma religión que la reprueba: llama supersticiosos los misterios y ritos de las Iglesias: pretende que la sagrada Teología, cuya limpísima fuente fue, es y será siempre la santísima e impreterible palabra del Señor manifiesta por la Escritura, tradición, Concilios y Santos Padres, esté sujeta a pura razón particular y simple filosofía. Declara el estado religioso por superstición; finalmente ataca las más sólidas e importantes verdades de nuestra santa fe, atreviéndose a decir que los bárbaros son más felices por sus cultos, que el cristianismo por su religión: y debiendo apartar de mis vasallos unos libros, cuya lección serviría de peligro a los unos y a los otros de escándalo: mando, &c».

Supuestos los dichos disparatados principios y sistemas erróneos, el plan de esta obra es excelente. Grandes retazos son dignos de consideración.

Contiene memorias, noticias y cálculos grandemente sacados. Sería útil que una mano hábil se dedicase a extraer de dicha obra, entre tanto montón de espinas y cizaña el bello trigo que en ella se encuentra. Nuestra Iglesia, nación y gobierno son los objetos más enconadamente maltratados, y la parte más llena de mentiras, equivocaciones y calumnias. El secretario de esta embajada don Ignacio Heredia se ha dedicado en compañía del mismo autor a corregirla en este particular para la nueva edición que trabaja. El Abate muestra docilidad: no sé si se ceñirá a tenerla en solo esta parte, y si el celo, talento y buena intención del Señor Heredia logrará su debido éxito en tan justificado proyecto.

Me parece se puede Vm. contentar con lo que le envío en este correo; en otro continuaré mis noticias. Dios gue. a Vm. ms. años, &c.

V. París y abril 29 de 1780

Amigo y Señor: Quiero consolar a Vm. Ya hemos salido de estos adustos filósofos modernos que nos quieren convertir en brutos, apurando todo su conato y ciencia en reducirnos al desconsuelo de que seamos iguales al mosquito y a la chinche, que nos incomoda y apesta. Son como astutos solipsos, que con achaque de instruirnos, quieren mandarnos, y que solicitan persuadirnos lo mismo que no creen. Tal es la fantasía con que lisonjean su amor propio, figurándose superiores a todos los demás; vanagloria inseparable de su mismo pecado luciferino, el primero de todos, que tanto cunde y reina en este soberbio hemisferio. Pretenden por fin seducirnos con muy floridas especies, en que por desgracia, con el pernicioso arte de adular las pasiones y presentar agradablemente sus inficionadas máximas y seductoras ideas, suelen conseguir la depravada intención de sorprender el ánimo de los incautos. Así logran captar la benevolencia de los genios malvados a quienes todo les viene a cuenta, como que tienen poco que perder en este bajo mundo, donde solo ponen su atención y sentidos.

Ya hemos salido, vuelvo a decir, de esta gente que tanto nos da que hacer. Supongo que debe exceptuarse la parte científica y de buena literatura de algunos autores que merece aprecio. Aunque hayan claudicado, no hay razón para confundir sus errores con sus aciertos, ni dejar de hacer justicia al mérito de varias obras suyas, sabiendo conocerlas, aprovecharse de ellas, distinguirlas y discernir sus diferencias.

Voy a hacer conocer a Vm. la parte sana de la filosofía y literatura de esta insigne capital que encierra mucho bueno. Bien sabido es que en todas partes lo malo está siempre más somero y a la vista, y no extrañará Vm. sea lo que más se vea y oiga.

Como el asunto de estas cartas se ciñe a la actualidad, no debo meterme en hablar a Vm. de otros autores que de los que existen al presente, y pican la curiosidad de Vm. De los demás se halla bien enterado, como también los amigos a quienes las comunica, pues sin estas circunstancias no pudieran entenderlas ni gustarles, como Vm. me ha informado. Cuando hablé de los filósofos me tomé la licencia de subir más arriba en mis noticias para asirme del hilo que me condujese en semejante laberinto, porque sin él no podía yo amañarme a dar a Vm. la idea conveniente en este caos de literatura y de ciencia, tan a manchas salpicadamente profunda y superficial. No necesito seguir aquel rumbo en estotra serie para indicar a Vm. las nociones que puedan faltarle a satisfacer su deseo, porque son más coordinados y seguidos los eslabones que forman su cadena.

Sin embargo permítame Vm. que le haga mención de uno u otro de los grandes filósofos y hombres de letras verdaderamente cristianos que ha gozado la Francia en el célebre siglo de Luis XIV. Es tan precisa una ligera noticia de algunos de ellos, que los actuales pseudo-filósofos no pierden coyuntura de desacreditar a casi todos los autores de aquel siglo. ¿Qué juicio hará Vm. al oír decir a M. Diderot: «Que a excepción de Renault, la Motte, Terrason, Boindin, Fontenelle, en quienes la razón y espíritu filosófico hizo tan grandes progresos, no habría en el siglo pasado, puede ser, quien escribiese una página de la Enciclopedia, digna de leerse el día de hoy?»

Después de esto no puedo menos de nombrar a un Pascal (que murió bien mozo en 1662) hombre tan ortodoxo y de talento tan extraordinario, que es la admiración de todos. Hasta en el estilo fue hombre tan grande, que fijó la lengua francesa, habiéndola elevado al alto punto en que se mira, y del que ya empieza a bajar. No puede citarse mejor texto para hacer conocer su distinguido mérito, que el de un crítico tan mordaz como Bayle, quien confiesa que las luces y la conducta de Pascal mortifican más a los libertinos, que si se les echase encima una docena de misioneros; y en otro jugar añade: «No se podrá decir que no hay sino hombres cortos de entendimiento, que sean hombres píos; porque a los que así opinen se les hace ver, con el ejemplo de Pascal, la más acendrada virtud en uno de los mayores geómetras, de los más sutiles metafísicos y de los más penetrantes entendimientos que haya conocido el mundo». Así habla este libre antagonista de casi todo lo bueno, en un momento que hace uso de su razón.

Otro profundo filósofo, más antiguo que Pascal, y que no debo omitir, es el teologal de la catedral de Condom Pedro Charron, que murió en 1603; grande amigo de Montagne, y prudente impugnador suyo. Con este fin, y el de refutar las dudas de ciertos Beaux Esprits de su tiempo, pues en todos no han faltado algunos, compuso el Tratado de la sabiduría. Sus argumentos muestran el noble tesón y firmeza muy propia de un docto filósofo cristiano. Tuvo un cruel Zoilo en el jesuita Garassé. Algunos filósofos, con semejante texto, y trocando las especies, han querido asociársele, y Juan Jacobo Rousseau en su Emilio ha procurado servirse de algunos pasajes suyos para apoyar sus erróneas opiniones. Es cosa muy fácil, truncando el sentido y las frases, extraer del más sano escrito la idea más ponzoñosa.

Otra obra que hace mucho honor a Charron, y está superiormente escrita es el libro de las Tres verdades. La primera, que no hay sino un Dios y una verdadera religión, la segunda, que de todas las religiones la cristiana es la sola divina; y la tercera, que de todas las comuniones del cristianismo, no hay sino la Católica Romana que sea la verdadera Iglesia.

El célebre jurisconsulto, Pithou, es otro escritor aún más antiguo, pues murió en 1596; pero de quien es preciso hacer mención, como autor que compone una especie de época en la disciplina eclesiástica y en las letras. Su tratado de las Libertades de la Iglesia Galicana, y su famosa Sátira Menipea le han conservado en Francia una eterna memoria.

Bajando a tiempos más recientes, que es la idea establecida, no es justo cansar a Vm. con hacerle relación, por sucinta que sea, de los célebres filósofos cristianos del ya citado siglo de Luis XIV. Basta ir nombrando algunos de los más principales, para refrescar la memoria. Sus obras son bien conocidas en toda la república literaria. Juzgo suficiente para el fin que me he propuesto apuntar los nombres siguientes: el benedictino Mabillon, que murió en 1707; el infatigable doctor de la Sorbona Dupin, que murió en 1719; el Obispo de Nimes Flechier, que murió en 1710; el erudito Abate Fleury, que murió en 1723; el gran Bossuet Obispo de Meaux, que murió en 1704, a quien no pudiendo atacar los filósofos modernos y reconociendo lo sublime de su talento, han tenido la avilantez de asociársele, interpretando malignamente sus más puros sentimientos. Por otro lado ha llegado a tanto extremo su descocado atrevimiento, que le han calumniado con la ridícula y quimérica especie de que estuvo casado en secreto con tan detestable absurdo no puede referirse sin indignación, y no hablara yo de él a Vm. a no estar pública y repetidamente impresa esta horrible calumnia, que todo el mundo racional conoce y detesta.

El Arzobispo de Cambray Fenelon de la Academia francesa, que murió en 1715, fue también hombre grande. Aun en medio de los elogios que no pueden rehusarle estos filósofos, han procurado con testimonios falsos

68

rebajar su mérito. Lo mismo hacen siguiendo su sistema con todos los hombres insignes así pasados como presentes, con especialidad de los más puros ortodoxos.

El profundo y célebre filipino Malebranche de la Academia de las ciencias, que murió en 1755, cuyas ideas han contribuido tanto a la gloria de la religión, como de la filosofía. El elocuente Bourdaloue, que murió en 1704. El famoso orador Masillon Obispo de Clermont, de la Academia francesa, que murió en 1742. El prudente filósofo y naturalista Abate de Pluche, que murió en 1761 de setenta y tres años; y en fin otros varios, que sería molesto referir, filósofos doctos, ortodoxos y elocuentes; calidades que lejos de ser incompatibles son muy anexas al sano juicio y sólida vasa en que forman su asiento.

No extrañe Vm. que le agregue por filósofo cristiano a un teólogo protestante, como lo fue Jacobo Abadie, que nació en Bearne en 1654, y murió en las cercanías de Londres en 1727. Su tratado la Verdad de la religión cristiana, y su libro el Arte de conocerse a sí mismo, le colocan entre los verdaderos filósofos y excelentes literatos. Esta última obra se halla casi toda refundida en varios artículos de la Enciclopedia, sin que sus compiladores se hayan dignado citarle. Voltaire, como enemigo y maldiciente de todo defensor de la buena causa, dice que murió loco, por decir algo malo.

En nuestros días tenemos otro Jacobo, y protestante: el Señor Vernes, nacido en Languedoc, y Pastor (que llaman) de una Iglesia de Ginebra, también filósofo cristiano, y de los más vigorosos y diestros adversarios de los filósofos novatores. Sus Cartas sobre el cristianismo del autor de Emilio, y su nueva obra intitulada Confianza filosófica, son frutos, dice Sabatier, de una esclarecida razón, y del verdadero talento, tan necesario cuando se trata de hacer triunfar la verdad y de confundir los errores.

He traído a Vm. estos dos ejemplares, aunque de autores fuera del gremio de la verdadera Iglesia, para darle una tintura del estado en que se miran los excesos de los modernos filósofos, pues llegan al extremo de irritar y escandalizar a los herejes mismos y obligarles a tomar la pluma. Aunque hombres errados, debe hacerse la conveniente diferencia de unos a otros, así como entre los delincuentes en la pasión de nuestro Redentor es muy diversa la culpa de Pilatos, en comparación de las de Herodes y Judas.

Se hallan tan mezcladas al presente la filosofía y la literatura con los puntos de religión, así en lo dogmático, como en la parte moral, que ha sido preciso detenerme en esto para discernir y aclarar la materia, con el fin de no dar a Vm. equivocadas o falsas ideas del estado actual de las letras, en continuación del que le ha precedido de un siglo poco más o menos.

Bien sabe Vm. que las ciencias y buenas letras, se eslabonan y extienden en estos tiempos muy diversamente que en los antiguos. En el mundo natural y físico vemos con nuestros ojos la diferencia que experimentamos con la facilidad de comunicaciones. Se han abierto caminos, se han hecho canales, se han arreglado correos y postas, se han descubierto y facilitado nuevas navegaciones, se han establecido correos marítimos y se han proporcionado otras muchas comodidades que hacen frecuentes, útiles y agradables los viajes, las correspondencias, y la recíproca comunicación de particular a particular, de provincia a provincia, de reino a reino.

Esta misma respectiva ventaja se ha adelantado en el mundo moral. La invención de la imprenta, que se ha hecho tan fácil y común; el estableci-miento de las Academias y otros cuerpos literarios, además de las Univer-sidades; el de los diaristas, gacetas y obras periódicas. Los diccionarios y otros varios métodos para facilitar la común instrucción son otros tantos medios de comunicación y por consecuencia de variedad ventajosa, compa-rada esta era con las antiguas. De suerte, que ayudándose recíprocamente la material mejora del mundo físico, con la formal del mundo moral, causa precisamente la revolución y diferencias que notamos en el cultivo de las ciencias y las letras, respecto a otros tiempos.

Como el ingenio no le tiene limitado, es fuera de su esfera esta diversidad de épocas. En todas han florecido grandes; pero no hay duda que ha habido tiempos en que las vicisitudes humanas, por acaecimientos extraordinarios, como el de la irrupción de los bárbaros, &c. han embarazado los progresos del entendimiento humano y han sofocado sus luces. La ferocidad de las costumbres es la que ordinariamente ocasiona la falta de medios para seme-jante cultivo, y es la que forma línea de separación entre naciones y tiempos cultos y que multiplican y propagan los conocimientos, y entre naciones sumergidas en la barbarie. La respectiva diferencia de nación a nación, de tiempo a tiempo, es la que distingue progresivamente lo floreciente o lo decaído de un imperio.

Insensiblemente me he ido saliendo del cuadro; no he tenido quien me tirase de la manga, perdone Vm. mi digresión. Vuelvo a tomar el hilo de mi asunto, que es, después de haber puntado algunas noticias tocantes a los escritores pasados de buena nota, lo suficiente para servir de basa a la idea, tratar de los autores existentes en el día.

Ahora pues continúo, cumpliendo con la gustosa obligación que me he impuesto en correspondencia, de la fina amistad de Vm.

El Abate de Condillac de la Academia francesa, es un metafísico de primer orden. Su Ensayo sobre el origen de los conocimientos humanos: su tratado de las Sensaciones, &c. son obras muy fundadas, curiosamente tratadas, y con una elocuencia, claridad y método muy especiales, y en todo suma-mente diversas de la oscuridad y confusión de estotros filósofos. Si la meta-física es una especie de anotomía del corazón y del entendimiento humano, se puede calificar a este académico del más ilustrado y profundo fisiologista.

Aunque el Abate de la Bleterie murió en 1772, no omito nombrarle entre los actuales, pues sus obras merecen una general estimación. Están exentas del pedantismo y demás resabios de moda, y particularmente La vida del Emperador Julián le hace honor.

No hablo a Vm. del Marqués Caraccioli que nació en París, y por conse-cuencia tiene lugar en mis cartas. Le coloco entre los escritores franceses de buena nota; pero no entro en tratar de sus obras. Ahí son bien conocidas, y se han ido traduciendo como Vm. sabe. En cuanto al grado de estimación en que se halla, me remito al dicho Abate Sabatier en su IV tomo de Los tres siglos.

Al Abate Caveirac le ha atraído toda la ira filosófica La Apología de Luis XIV y de su Consejo, en cuya obra los biliosos críticos confunden todas las especies, levantándolo el testimonio de que hace la apología del famoso día; aquí llamado la Saint-Barthelemy, tecla muy delicada en Francia aun para los más indiferentes. Pero M. Linguet ha tomado la defensa del autor contra aquella calumnia, en su papel intitulado Respuesta a los doctores modernos.

El doctor Bergier es uno de los más célebres controversistas. La certeza de las pruebas del cristianismo; el Deísmo refutado por sí mismo; la Respuesta al sistema de la naturaleza y finalmente la obra que va a publicar intitulada Tratado histórico y dogmático de la religión, son producciones dignas de todo respeto, y que le han dado un crédito generalmente reconocido por todos los hombres sabios. Su estilo es sencillo y natural. Reduce en polvo este montón de objeciones y sistemas capciosos de los incrédulos, y sabe dar a los dogmas de la religión aquella fuerza y constancia que les conviene, y que decide a favor suyo el sumiso homenaje de la razón, cuando no se halla enteramente corrompida. Este mismo autor ha escrito otras obras puramente de literatura que han merecido la aceptación común.

El Abate François es otro controversista estimado. Las pruebas de la religión; el Examen de los hechos que sirven de fundamento al cristianismo, son dos obras, que aunque las falta el mérito de la elegancia del que pueden adornarse, tienen los demás que le son propios a este género de obras. Voltaire ha satirizado al autor con su acostumbrada e indecente acrimonia.

Es preciso no confundir este autor con otro del mismo apellido François, que es abogado del Parlamento, y mucho más joven, pues nació en 1752. Su talento se adelantó tanto, que a los doce años fue recibido en las sociedades literarias de donde es miembro. Su género hasta ahora es la poesía. Ha merecido particular aplauso su Discurso poético sobre el modo de leer los versos. Se esperan de su pluma producciones de mucho mérito. Es poco amigo de mi autor Sabatier, y le satiriza en el Almanaque de las musas. Es cierto que la obra del Abate Sabatier es a propósito por su calidad para atraerle muchos enemigos. Unos escritores ven en ella sus críticas; otros sus elogios más tibios de lo que esperaba su amor propio; algunos se ven omitidos, de suerte que son pocos los obligados o contentos.

Uno de los casos más fuertes en este género es el que sucede con M. Pallisot, académico de Nancy, su patria. Este autor hizo representar en 1760 una comedia que compuso intitulada Los Filósofos, parecida a la de Las Mujeres sabias de Moliere, en que los ridiculiza. Después hizo, como en continuación o segunda parte, otra intitulada El Hombre peligroso, que sus contrarios consiguieron no saliese al teatro; pero se dio a la prensa. Compuso también un poema intitulado La Dunciada, en que satiriza toda esta decantada filosofía moderna. Sus obras en prosa son sus Cartas pequeñas sobre los grandes filósofos, sus Cartas de M. de Voltaire y sus Memorias literarias, obra que viene a ser casi lo mismo que la de Los tres siglos de Sabatier.

La conformidad de pareceres contra la filosofía moderna, contra el estilo que se han formado sus autores y contra la corrupción misma de la buena literatura, dejando a parte las demás corrupciones, la persecución que ha padecido el referido Pallissot, en fin todas las circunstancias convidaban a que fuesen amigos él y Sabatier; pero ha sucedido todo lo contrario. El artículo que puso Sabatier en su obra de Los tres siglos disgustó a Pallissot, sin embargo de tomar su defensa. La semejanza de esta obra con la de las Memorias literarias es un punto de emulación. De suerte que no ha bastado la unión contra el charlatanismo filosófico, ni la correspondencia y amistad de los dos autores para evitar la guerra literaria, o por mejor decir, los insultos recíprocos de ambos. Pallissot en la colección de sus obras en seis volúmenes, y Sabatier en esta presente edición (que es a cuarta) de Los tres siglos de la literatura francesa.

El Arzobispo de Viena, capital del Delfinado, Monseigneur le Franc digno controversista es de los más nerviosos escritores del día contra estos incrédulos. Sus obras llenas de unción y majestad, han logrado todo el debido aplauso que se merecen. La incredulidad convencida por las profecías pasa por uno de los mejores libros que se han escrito en este género. La instrucción pastoral sobre la pretendida filosofía de los incrédulos modernos no hace menos honor al celo y talento de este prelado. El aviso o advertencia a los fieles de este reino sobre las ventajas de la religión y los perniciosos efectos de la incredulidad, dirigido por la asamblea general del clero de Francia en 1775, es una obra sólida y elocuente.

Su hermano el Marqués de Pompiñán es un autor que cuadra bien ponerle a continuación de este dignísimo prelado. Ha escrito varias obras, todas con amenidad, solidez y elegancia: su tragedia Dido es de las que más se acercan a las mejores de Racine, y que conserva con aplauso el teatro francés. Sus Poesías líricas le dan derecho a que se le considere como sucesor del gran Rousseau (Juan Baptista). Su Viaje a Languedoc, sus Epístolas, sus Discursos académicos, su Elogio histórico del Duque de Borgoña, su Carta a Racine, el hijo, sobre las tragedias de su padre y su Traducción de Luciano y de Esquiles son otras tantas producciones que le hacen grande honor en la literatura francesa. Trata de la decadencia de esta en una de sus epístolas con novedad, energía y solidez.

Su ingenio, su saber, su celo y su rectitud no podían menos de causarle los más acervos tiros de la emulación, de la envidia y de la soberbia filosófica, contra cuya cabala ha sabido sostenerse con ánimo, tesón y serenidad, y nunca la ha bajado la cerviz. Por consecuencia Voltaire y sus secuaces han tirado a desacreditarle de todos los modos que han podido, pero con poco suceso. Tiene echadas raíces su bien merecida reputación tomo autor y como hombre.

Monseñor Roquelaure Obispo de Senlis, de la Academia francesa, es un elocuente prelado de quien debo hacer mención. La Oración fúnebre de nuestra Reina María Amalia, el Discurso para la profesión de Madama Luisa María de Francia, y sus Discursos académicos le han dado nombre, y hacen esperar de su talento, cristiandad y literatura otras producciones, que merezcan del público la misma apreciable acogida.

Otro prelado Monseñor Beauvais Obispo de Senez se ha hecho también mucho honor en la Oración fúnebre del Infante don Felipe y en otras; en el Panegírico de S. Luis y otros.

En el mismo género se ha distinguido el Obispo de Troyes Monseñor Poncet, y algunos otros prelados de este reino, que no me detengo a nombrar, bastando los referidos para edificación y conocimiento del estado floreciente en que se mantiene aquí la Cátedra de San Pedro, a pesar de las sugestiones del libertinaje y de la corrupción del siglo. Respectivamente a los prelados conserva esta nación excelentes oradores, particularmente en su clero, sin embargo de lo que ha ido degenerando el buen gusto, la dignidad y verdadera elocuencia.

El Señor Moine d'Orgival cura de Gauvieux ha escrito unas Consideraciones sobre el origen y la decadencia de las letras entre los Romanos, en que muestra más erudición que gusto. Bien tratado este asunto pudiera hacer conocer el verdadero estado actual de la literatura, pues si los síntomas son idénticos respectivamente, debe temerse o juzgarse, que la situación es conforme a aquella, guardada la proporción de los tiempos, pues los hombres son siempre los mismos, cuando son iguales las circunstancias. Otra obra suya intitulada Discursos sobre los progresos de la elocuencia del púlpito y sobre el modo y espíritu de los oradores de los primeros siglos: es del mismo género en su especie, y que tampoco ha desempeñado el autor.

El Abate Berthier, antes jesuita, ha escrito la Continuación de la Historia de la Iglesia galicana, que ha logrado un grande acogimiento a pesar de las chanzonetas filosóficas con que estos amargos censores procuran ridiculizar todo lo bueno. Dicho Abate trabajó en el Diario de Trevoux, y nunca ha sido tan interesante y útil como en su tiempo: me remito a Sabatier.

El Abate Gauchat tiene una pluma fina y sólida en sus obras contra los incrédulos, y la maneja con primor, sabiendo descartar cierto aparato de Teología escolástica, que desanima, cansa y aleja la atención del lector. Sus Cartas críticas, y su Filósofo del Valais, han tenido muchos lectores y corren con mucho aplauso.

El mismo logra el Canónigo Gerard con su novela en forma de cartas intitulado El Conde de Valmont, y es de los escritores que más han contribuido a disminuir la especie de autoridad que estos pretendidos sabios se abrogan sobre la opinión pública.

La pluma del Señor Moreau consejero en el tribunal de cuentas, es de las más bien cortadas que hay en el día contra la turba luciferina. Hace conocer finalmente la ridiculez de su orgullo y sus sistemas en la obra intitulada Memorias para servir a la historia de los Cacovaces, producción que se considera verdaderamente original. El mismo autor ha escrito otras varias obras que corren con estimación. El observador holandés, especie de diario político: los discursos que ha compuesto para la instrucción del Delfín, hoy Luis XVI como son: Lecciones de moral, de política y de derecho público; Las obligaciones de los príncipes reducidas a un solo principio, &c. Sobre esta última le han movido una gran crítica los llamados filósofos, atentos siempre a tomar cualquier pretexto para desacreditar a los que no son de su rancho. Lo acusan de favorecer en ella el despotismo, tan odioso a todo pueblo culto, pero no es así. La acusación es injusta según Sabatier.

Bajo el nombre de un militar, para hacerse menos sospechoso a los mismos militares a quienes dirige su obra, ha publicado Monseñor Laulanhier Obispo de Egeé, sus Reflexiones críticas y patrióticas en que, con razonamientos sólidos y bien escritos, que todos pueden entender, prueba la verdad, la utilidad y la necesidad de la religión. Ha corrido con tanta aceptación esta obra, que ya se han hecho tres ediciones. Ha escrito algunas otras igualmente a favor del cristianismo contra los multiplicados ataques de la nueva filosofía.

El P. Hayer, recoleto, es otro de los más fervorosos defensores de la verdadera religión. Su tratado sobre La espiritualidad y la inmortalidad del alma es el más completo y laboriosamente escrito que aquí se conoce. Contiene muchos volúmenes, y se manifiesta más el hombre de letras que el teólogo: método aquí necesario. También ha escrito algunas otras obras menos considerables, todas igualmente con el mismo objeto.

El Abate Guenée ha tomado la misma defensa por otro rumbo, o por mejor decir, en otro departamento. Es aquí bien conocida entre las gentes sensatas su obra intitulada Cartas de algunos judíos portugueses y alemanes a M. de Voltaire: en ellas hace ver sus calumnias y errores contra aquella nación. Hay pocas obras polémicas escritas con tanta solidez, prudencia y método. Voltaire no dio otra respuesta que la de sus acostumbradas invectivas. Este autor y sus sectarios atacan por todas partes y en todas ocasiones la religión y los libros sagrados, y promueven cuanto puede contribuir a desacreditarla, y establecer su monstruoso sistema. Al contrario, los hombres bien instruidos de talento y cristiandad, ejercen su amor a la verdad y su celo según la parte que les dicta su fervor y la clase de estudios en que se hallan más ejercitados y más en estado de hacer conocer las falsedades y capciosas máximas de estos enemigos comunes de toda religión, de todo gobierno y de todo el género humano, a excepción del corto número de los tristes individuos de su turba luciferina.

Espero no me acusen sus amigos de Vm. de hablar tanto de asuntos de controversia, pues aquí tiene tanta conexión con las demás ciencias y con toda la literatura, según la han ido mezclando los escritores modernos, que rara es la materia ni la obra en que no entre, y por consecuencia no puedo darle a Vm. la idea que me pide, sin ir evacuando esta parte tan principal que es la salsa de todos los guisados literarios. Tampoco me es fácil reducir a clases como quisiera, las materias, por la misma razón de hallarse tan mezcladas, y casi es preciso que yo las coloque, según me vayan saliendo.

Por ejemplo a la mano, M. Rochefort de la Academia de las inscripciones y buenas letras, ha hecho una traducción en verso de los dos famosos poemas la Ilíada y la Odisea de Homero, que tiene sus aplausos y sus críticas. Dice Sabatier que en ésta merece indulgencia, considerando la exactitud con que ha vertido en toda la obra el sentido de Homero, lo que Madama Dacier no hizo siempre. Las notas que acompañan estos poemas y los discursos que les preceden pasan por excelentes. Este mismo autor ha escrito otra obra de tan diverso carácter como es la que ha publicado contra el Sistema de la naturaleza, en que le combate con feliz suceso. Con esto digo lo difícil que es poner por clases estas noticias, habiendo de darle a Vm. una razón de los autores de mayor nota que en el día se hallan con la pluma en la mano en los respectivos partidos que abrazan.

Muchas veces se tropiezan algunos en poner un mismo título a sus obras, o trabajar en el mismo género por diferente rumbo y con diverso fin. El Diccionario filosófico de M. de Neuville abogado en este Parlamento, es una de las mejores obras de este autor, muy bien escrita y de muy sana moral; y no tiene que ver en nada con el Diccionario filosófico de M. de Voltaire, colección de impiedades y absurdos que dio a luz pocos años antes de su muerte: a propósito de diccionarios.

El Abate Pluquet ha compuesto otro diccionario muy útil y bien escrito: que es el Diccionario de las herejías, digo de distinguirse entre la cáfila de diccionarios que se publican y renuevan cada dí.

M. Morenas solo ha escrito tres o cuatro diccionarios. Diccionario portátil de casos de conciencia; Diccionario portátil de la Geografía antigua; Diccionario portátil de la historia antigua, &c. Estas compilaciones no son por su especie obras de un gran mérito, pero siempre logran por fin la ventaja de ser útiles. Este mismo autor es tan inclinado a compilaciones, que todas sus obras llevan la misma estampa; como el Compendio de la historia eclesiástica; y el Correo de Aviñón, que después ha continuado con el nombre de Correo de Mónaco; trabajo que le coloca en el crecido número de diaristas; de cuya clase de escritores hablaré a Vm. otro día.

Siguiendo nuestro camino, debo hacer conocer a Vm. el célebre jurisconsulto M. de Vauglans consejero del gran consejo. Ha escrito una Refutación de algunos principios aventurados del famoso tratado de los delitos y las penas, refutación que ha merecido un grande aplauso. El mismo autor ha publicado una pequeña obra intitulada Motivos de mi fe, que le hace mucho honor, y ha sido recibida con grande aprecio por todos los que conservan algún fondo de religión. Sus obras de jurisprudencia son tan sumamente estimadas, que el autor logra en sus días, no solamente verlas citadas a menudo en materias criminales, sino también servir de autoridad en los tribunales mismos.

Sería ya fuera del propósito hecho entrar a informar a Vm. de todas las obras facultativas que aquí salen o se renuevan, y sería un proceder infinito que pasaría los límites del trabajo que me permiten mis ocupaciones y género de vida. Por incidencia y por la conexión y encadenamiento que tienen con la literatura las ciencias abstractas, he dado y daré a Vm. alguna vez noticia de una u otra según se me proporcione.

M. Larcher es un literato de gran mérito, y conocido como un campeón de la buena literatura contra estos presumidos filósofos. Su Suplemento a la Filosofía de la historia, es una solidísima crítica de aquella obra de Voltaire, cuya bilis exaltada prorrumpió en un libelo lleno de injurias en lugar de razones, intitulado la Defensa de mi tío. Me remito a Sabatier que trata bien estos pasajes literarios, ocurridos en aquella ocasión.

M. Larcher ha hecho también muy estimadas traducciones. La Electra de Eurípides; algunas Poesías de Pope; Varios fragmentos de las transacciones filosóficas de la real Sociedad de Londres. Es autor de una memoria tocante a Venus, que obtuvo el premio de la real Academia de inscripciones y buenas letras en el año de 1775, premio que ha merecido aprobación del público, lo que no siempre sucede, pues las decisiones de las Academias no siempre son justas.

El Elogio de Fenelon es uno de los casos. La Academia francesa adjudicó el premio a M. de la Harpe, pero el público ha juzgado más digno de él al Abate Maury y condena por injusta aquella preferencia. Este mismo Abate ha escrito otros elogios bastante bien recibidos. El Discurso para servir de prefacio a la edición de los sermones de Bossuet, ha sido muy celebrado. El mismo es un orador famoso, y fue tanta la impresión que hizo en el auditorio su Panegírico de San Luis, que los aplausos le interrumpieron varias veces. Su Ensayo sobre la elocuencia, que ha puesto a la cabeza de sus discursos, ha merecido igualmente una grande acogida.

Muy grande la merece por diverso término otro Abate llamado el Abate Fauri. Ha escrito un Curso de filosofía para uso de gentes del mundo, muy digno de alabanza por el fin que se propone. Como es cosa muy importante a todos saber razonar, conocer la naturaleza y las facultades del alma, &c. da en esta obra con admirable método las ideas justas sobre todos los objetos, sabe descartar los términos científicos y tono pedantesco, y explicándose de una manera concisa y clara, ha hecho un curso filosófico, propio a poder ser leído con fruto aun por las mujeres.

La religión es una de sus principales miras, y bien urgente en estos tiempos y en este país. La demostración de la inmortalidad del alma contra los materialistas, y de la divinidad de la religión cristiana contra los deístas; la defensa de las verdades contra los incrédulos, atacados con sus mismos sofismas; y en una palabra, el antídoto compuesto de seguros preservativos contra todos los prestigios del error es el plan que ejecuta con tan seguras luces y tanta fuerza de razonamientos (propios a derribar todos estos vanos sistemas adoptados por una lastimosa credulidad, bajo el nombre de filosofía) que confunde aquellos estragados principios, y afianza en su trono la evidencia de estotros principios infalibles. Este mismo autor ha publicado varias obras matemáticas, en que no me detengo por no ser del asunto.

Prosigo dando a Vm. cuenta de una excelente y nueva obra del Abate de Crillon, que ha sido agente general del clero de Francia. Se intitula Memorias filosóficas del Barón de... En ella se hace ver a toda luz el charlatanismo, intrigas y revueltas de la filosofía moderna. Pasa por producción verdaderamente original, en donde pone en acción una crítica muy bien sazonada sobre el gusto de las célebres Cartas provinciales de Pascal. La reviste de todas las riquezas de una ingeniosa y concertada imaginación, y emplea muy oportunamente las armas de la mofa o chanza, y del tono de ironía para ridiculizar a tiempo sus retratos, sabiéndolos carear con gran tino. Han sido vanos los esfuerzos de los tales filósofos para desacreditarla. Está el velo descorrido con tanto pulso, que a pocos ataques semejantes quedaría muy a la vergüenza aquella facultad, y tendría que arriar bandera. El mismo autor había escrito antes otra obra intitulada El hombre moral, que corre con aceptación.

No puedo pasar más adelante sin nombrar en la clase de los hombres más estimables y de la más sana literatura del día, al Conde de Tressand, teniente general, y Académico de las principales Academias de dentro y fuera del reino. Ha cultivado las ciencias y las buenas letras, de suerte que ha hecho grande honor a su aplicación, a su talento y a su cuna. Todas sus obras han sido muy aplaudidas, y es muy especialmente digno de todo elogio, que sin embargo de la mucha comunicación con Voltaire y otros semejantes, no solamente se ha mantenido fiel en los verdaderos principios, sino que también ha sabido defenderlos contra los ataques de aquellos mismos escritores.

M. Dutems es otro autor de quien debo hacer recomendable memoria. Nació en Tours el año de 1730, cuya circunstancia digo por que en el día se le mira como inglés. Se halla al servicio del Rey de Inglaterra; ha sido su secretario de embajada en la corte de Turín, y después ha servido de ministro interino en ella. Entre varias obras que ha publicado la principal es la intitulada Investigaciones sobre el origen de los descubrimientos atribuidos a los modernos. En ella sabe unir la más juiciosa crítica a los más extendidos conocimientos, y con muy sólidas pruebas humilla la presunción de este siglo filosófico, haciendo ver a los soberbios profesores todas sus usurpaciones, y demostrándoles que deben a los antiguos la mayor parte de sus opiniones, de sus sistemas y de sus pretendidos inventos.

Descubre la progresión de las ideas humanas y expone de tal modo la genealogía de las verdades y de los errores que manifiesta la arrogancia con que los filósofos modernos no hacen sino repetir lo que se ha dicho y redicho en todos los siglos y en casi todos los pueblos; de suerte que solamente vienen a ser un débil eco de tantos dogmas de que se figuran, o quieren pasar por inventores. Este infatigable investigador no les deja ni aun la triste gloria de haber sido los primeros autores de los errores mismos que quieren acreditar.

Empédocles, Pitágoras, Platón, Heráclito, Anaxágoras, Aristóteles, Epicuro, Aristipo, &c. reclaman a la sombra de su pluma la gloria de habernos enseñado cuanto sabemos en materia de astronomía, física, anatomía, matemática, óptica, metafísica, moral, &c., Expone el autor con maduro examen lo poco que realmente han añadido de esencial a estos diversos objetos de la humana ciencia. Precede a esta obra, compuesta con método, claridad y precisión, un prefacio en que el autor explica sus propias ideas sobre el mérito de los antiguos y modernos, con una imparcialidad y modestia que da mucho peso a su crítica.

Al mismo autor le deben las letras y las ciencias otro muy útil trabajo, que es la edición completa de las obras de Leibnitz, que se hallan dispersas en varias colecciones de diferentes Academias de Europa: edición corregida, ilustrada y ordenada con sumo cuidado. Debe añadirse, que el respeto por la religión le hace merecer la estimación de todas las gentes honradas, y este mismo le ha acarreado las injurias de un Zoilo filósofo moderno.

Demás de esto ha escrito varios opúsculos poéticos y otras pequeñas obras en prosa, que aunque no pueden figurar con las expresadas, pues solamente son una especie de ocios, las apunto por no dejar de hablar de todas las producciones de este útil y docto escritor.

Ya es tiempo de acabar esta carta, y por final concluyo con el Abate Sabatier.

Sepa Vm. que hay tres autores existentes del mismo apellido Sabatier. El uno es un profesor de elocuencia en el colegio de Turnon, que ha escrito varias odas, epístolas y algunas otras poesías, y un buen discurso de la colección de sus obras. El otro es un profesor del colegio de Chalons, y secretario perpetuo de la Academia de dicha ciudad, que ha emprendido una inmensa compilación que prosigue con perseverancia, intitulada Diccionario para la inteligencia de los autores clásicos; de cuya obra ya ha publicado más de veinte volúmenes.

Algunos equivocan estos dos escritores con el nuestro, que es el Abate Sabatier de Castres, por haber nacido en Castres (año de 1742). Le llamo nuestro, porque su obra es la que me ha dado la idea de satisfacer la curiosidad de Vm. la que comúnmente sigo, la que cito y a la que me remito varias veces, por si acaso gusta Vm. de ver con más extensión las materias que toco en estas cartas, que son meramente unas apuntaciones literarias.

Son tres las obras suyas que conozco. Todas le han atraído una multitud de injurias, de críticas, de calumnias y de emulación, por haberse atrevido a atacar de frente la filosofía moderna y la decadencia de la literatura y buen gusto. La primera fue la *Ratomania*; la segunda la intitulada *Tableau*

Filosofique de l'Esprit de M. de Voltaire pour servir de suite; y la tercera, *Les trois siecles de la literature françoise, ou tableau de l'Esprit de nos escrivains depuis François premier jusqu'en 1779, par ordre alfabetique.* Esta obra de la cuarta edición es la que tengo entre manos. En el primer volumen hay un discurso preliminar, y en el cuarto unas cartas que lo terminan, y que pueden contarse como otra obra.

Parece que pudiera yo haber cumplido con Vm. con solo aconsejarle que comprase dicha obra. Bueno será que la compre, pero hay mucha diferencia entre ella y mis cartas. La obra de Sabatier es de cuatro volúmenes de letra metida, y contiene una infinidad de autores, artículos y repeticiones que le deben ser a Vm. enteramente inútiles o fastidiosas. El método que sigue de diccionario es molesto, y no conveniente para el conocimiento de la serie de literatura, especialmente de la del día, que es la que Vm. me pide, y en efecto la más útil. La muy conocida o la más antigua le es a Vm. muy notoria o indiferente.

He traducido los artículos Voltaire y Rousseau por las razones ya expuestas; los demás que saco son por la mayor parte en extracto ligero. No sigo ciegamente al autor. En varias ocasiones me aparto de su dictamen. He tratado y trato personalmente con varios de los escritores que nombro. Conozco las parcialidades, veo las intrigas literarias y puedo distinguir sus diferencias para confirmar o no lo que dice Sabatier, omitir lo superfluo, escoger lo más útil o preciso, y añadir la reflexión o noticias que contribuyan a dar una razonable idea del actual estado de esta literatura. Estos son los medios que juzgo más adecuados para conseguir el intento.

Aunque es inútil justificarme con Vm. pues sé lo que estima estas ociosidades mías o ratos hurtados a mis ocupaciones, no excuso hacerle presente las referidas circunstancias para sus amigos, que quizás no me serán tan benignos. Mande Vm. hasta otro día que proseguiré mi tarea. Dios gue. a Vm. ms. años, &c.

VI. París y mayo 13 de 1780

Amigo y Señor: En buena me he metido; esto es un caos, una confusión, una Babilonia de donde no sé cómo salir, a pesar de cuanta indulgencia quiera prestarme la amistad de Vm. si no me tomo un penoso y continuo trabajo, de cuyo parecer no estoy. No creí había tanto que hacer, aun para solo dar una ligera noción, siendo regularmente fundada. Siempre al principio parecen más fáciles las cosas. No se consideran las dificultades hasta que se tropieza con ellas.

En esta gran capital hay un gran lujo de literatura, como le hay en los demás ramos. También éste lo es de industria y de comercio. Cualquier hambriento abate, pobre militar, triste escribiente, &c. toma la pluma y los libreros les compran sus producciones buenas o malas, pues hay lectores para todo, y se enriquecen o arruinan según la fortuna que hacen las obras. No hay cosa seria, no hay vagatela, no hay cosa que ocurra, no hay asunto en fin, que no dé materia y pábulo para la prensa.

Unos se dedican a las ciencias, otros a las artes, infinitos a las buenas letras, casi todos quieren filosofar. Hay un crecido número de traductores, historiadores, comentadores, compiladores, poetas, diaristas, de autores de novelas, y de otras obras de imaginación, de naturalistas, economistas, políticos, &c. en fin de todo se escribe. Solamente el número de los escritores existentes que en el año de 1779 nombra Sabatier, llega a 266. Añada Vm. los que omite o no sabe, los anónimos y los extranjeros establecidos, y verá que componen una buena suma.

Juzgo que ya no llegará el caso de la ruina de las letras como en los tiempos pasados. La imprenta y la continua extendida comunicación por todo el mundo es una barrera permanente. Supongamos que los tártaros, que no conocemos muy bien, hiciesen una feliz irrupción contra los rusos, como la hicieron contra los chinos; y que mezclados con aquéllos, como se mezclaron con éstos y adoptaron sus leyes, formasen una sola formidable y guerrera nación; que como los rusos tienen otra ferocidad y costumbres que los chinos, les siguiese ya juntos el espíritu de conquistadores; y que los progresos del lujo, afeminando la Europa culta, les proporcionase la subversión de sus diferentes gobiernos, y la señoreasen enteramente. Supongamos, dando un salto a diferente hemisferio, que la América llegase a ser conquistadora de la Europa; en ambas hipótesis, tan diversa una de otra, digo que no volvería a suceder la total ruina de las letras. Aquí me paro, y encargo a alguno de sus amigos de Vm. trabaje las pruebas si gusta, pues yo no estoy tan despacio para ello.

Lo que añado sí, es que no pueden realizarse estas hipótesis. La constitución actual de la Europa está demasiado ligada entre sus partes, y abraza muy estrechamente las demás del globo, Más bien podemos decir que gradualmente (y al paso lento que no alcanzamos a comprehender) se prepara todo el mundo al sabido momento de la reunión general de creencia, en que como el evangelista San Juan nos instruye, ha de llegar el tiempo de Unus Pastor et unum ovile. Volviendo al asunto, mi opinión es que no considero posible aquella total ruina, aunque sí muy verosímil su decadencia; pero por relajación, y esta en partes, en tiempos y en naciones.

Empiezo por indicar a Vm. una obra que en parte podrá llenarle sus medidas. M. Rigoley de Jubigni consejero honorario del Parlamento de Metz, ha hecho una nueva edición de las Antiguas bibliotecas de M. la Croix du Maine y de M. du Verdieu. En la primera ha puesto a la cabeza un discurso sobre los Progresos de las letras en Francia, y en la segunda una introducción, que viene a ser la continuación de aquel discurso. En ambas escribe con la misma energía, discernimiento y juicio. Distingue los escritores que hacen época, sabe preciar el respectivo mérito de unos y otros, presenta las revoluciones de esta literatura desde su origen hasta el tiempo presente, y forma una pintura histórica de las producciones del ingenio humano, un abreviado código del buen gusto y una muy hábil crítica de los desbarros de los literatos actuales. Esta obra, las de Pallissot, Sabatier y otras semejantes no son las que más enseñan, pero sirven para saber aprender o consumarse, pues dan el conocimiento y las señas de las escuelas y maestros.

Nadie mejor puede merecer el título de maestro en su línea que el Conde de Buffon, intendente del jardín real botánico, miembro de la Academia francesa y de la de las ciencias: autor que descuella entre el considerable tropel de escritores franceses. Su Historia natural es obra maestra; es la que ha extendido el gusto de la física; es la que uniendo el método y las gracias del estilo a la utilidad y solidez de la materia, tanto contribuye a la gloria de la lengua y de la literatura francesa; y es de aquellas pocas producciones destinadas a vivir en la posteridad y servir de precioso monumento en honor de su siglo. Este autor no se ha dejado alucinar ni arrastrar de partido alguno. Dedicado a intérprete de la naturaleza, sus laboriosas tareas le llevan toda su atención, y le hacen generalmente digno de todos los elogios. A propósito de elogios, no puedo menos de hacer mención del sublime que hizo este autor de M. de la Condamine, que murió en 1774, en su respuesta a su discurso de recepción en la Academia francesa.

Como parte de aquel todo, aunque por diverso rumbo, debo indicar a Vm. el Diccionario razonado de historia natural por M. Valmont de Bomare, obra y autor de mucho mérito.

En el mismo caso encuentro a M. Duhamel du Monceau académico de las ciencias. Sus obras son muy útiles y bien escritas; ha tratado varias partes de la agricultura, diferentes ramos de comercio, algunas de las artes mecánicas, y también ha escrito sobre la Marina. En todas sus producciones ha manejado la pluma con solidez, estilo y acierto.

M. de la Lande, también académico de las ciencias, es otro autor de los más dignos de admiración. Es de los primeros astrónomos que tiene la Francia, y también ha sabido tratar con acierto y gusto otras materias. Su Viaje de Italia y su Elogio del Mariscal de Sajonia hacen ver que la elocuencia sabe hermanarse con una ciencia tan abstracta como la astronomía.

El Caballero de Jaucourt es un distinguido y laborioso escritor, muy acreedor a más especial memoria. Después de haber dado al público algunas obras sobre la medicina, se ha entregado enteramente a la Enciclopedia. Ha enriquecido de casi dos tercios esta inmensa y célebre compilación, y le hace digno de alabanza, que sin embargo de su celo por esta grande obra, no se ha dejado llevar del espíritu filosófico, y sus quimeras y diferencias literarias.

Entre los autores serios y juiciosos me viene ahora a la pluma el Abate Godescar. Ha traducido junto con el Abate María una obra inglesa (de Bulter) intitulada Vidas de los Santos Padres y de los Mártires y de otros principales Santos, sacadas de las Actas originales y de los más auténticos documentos. Aunque este título, la circunstancia de ser traducción, y la de serlo del inglés no presentan el más oportuno aspecto para las materias de que hablamos; sepa Vm. que merece mucha atención.

No es una versión literal y seca como suele suceder, mayormente en esta especie de obras. Es una traducción muy trabajada, en que ha refundido con acierto el original. Está muy amenizada de excelentes notas, y forma un completo análisis de la historia eclesiástica sumamente adecuada, y muy capaz de confundir el escarnio con que los incrédulos pretenden ridiculizar el culto, tomando pretexto del indiscreto celo que la religión misma desaprueba.

No me empeño en hablar de otras muchas traducciones por haberlo hecho de ésta que se me presenta a la memoria. Sería nunca acabar, si en cada especie de obras me metiese a dar noticia de todas o las más de ellas. Por eso me remito a los autores donde Vm. puede ver lo que con esta ojeada sobre la literatura francesa le hubiese suscitado mayor curiosidad.

Las memorias de todas las principales Academias es otro grande manantial de conocimientos de donde las ciencias, las artes y las letras derraman sus copiosos raudales. Sus colecciones son demasiado costosas y voluminosas para cualquiera particular; pero muy propias y útiles para las grandes bibliotecas a donde pueden consultarse.

Creo haber ya dicho que no hablo sino por incidencia o muy de paso alguna vez de los autores y obras puramente científicas, como suelen ser las más que componen estos Benedictinos de la Congregación de San Mauro, y las de algunos escritores de genio y estudio muy serio. Pero son rarísimos, pues muy pocos se ciñen a tratar de una sola materia grave, por la razón que tengo explicada a Vm. de la comunicación y enlace que tienen en el día las más abstractas o sublimes ciencias con toda suerte de artes y literatura. Por este motivo no puede seguirse fácilmente el orden por materias, sin hacer mención repetida y salpicadamente de los autores, ni se puede tratar seguidamente de éstos sin mezclar mucho la diferencia de materias.

Bien sabe Vm. que nuestro P. Flores, que ahí traté bastante tiempo, no se ciñó a la España Sagrada que era su obra principal. También hizo la de las vidas de las Reinas de España, la de medallas; trató materias morales, y algunas otras según la ocasión. Posteriormente se había dedicado a la historia natural, y ya iba formando con mañosa eficacia un razonable gabinete de ella. Ni tampoco le era extraña la poesía. Aquí es muy común esta variedad. En fin yo no he capitulado nada con los amigos de Vm. iré diciendo lo que buenamente pueda y me ocurra. Es preciso que tengan paciencia, que la ejerciten con mis digresiones, y que no extrañen el momento en que me sobrevenga alguna mayor ocupación, o que me canse y hecho una piedra encima de esta obrilla, con un finis aunque sin coronat opus, y entonces que les cueste venirse por acá, o quemarse las cejas para satisfacer sus curiosidades. En cuanto a Vm. diré que escarmiente y no me sea preguntón así como quiera.

Una de las cosas que en Francia da más pábulo para escribir, y propagarse toda suerte de conocimientos, es la multitud de medios de que abunda París con tanta especie de establecimientos literarios, prácticos y útiles, y con la comodidad de hallarse tan generalmente recibida y cultivada su propia lengua. Además de la Universidad, de las Academias, de los ruidosos premios de éstas, de varia suerte de Sociedades, de las Bibliotecas públicas y privadas, &c. se han ido estableciendo muchos cursos y estudios particulares en todo género, de los cuales se avisa al público por carteles y papeletas a la mano, o por los diaristas y otros impresos periódicos.

La mayor parte de los que se dedican a abrir sus respectivos estudios son también escritores, como por ejemplo el difunto Abate Nollet, cuyas obras de física experimental, electricidad, &c. son bien conocidas. Eran muchos los que asistían a los cursos que daba de ella, y fue escogido para dar sus lecciones al Delfín. No piense Vm. que los maestros cursistas son cualquier estudiantón a quien se le pone en la cabeza meterse a maestro. Estos establecimientos constan de sus ciertas reglas y licencias. Son libres, porque no son limitados, y cualquiera que los emprende es dueño de dejarlos si no le tiene cuenta. Dicho Abate Nollet era profesor real en el colegio de Navarra, académico de las ciencias, fue uno de los primeros que dieron al público estos cursos de física experimental.

Tiene sus sucesores. Este año ha abierto en 23 de febrero su curso completo de dicha física experimental M. Brisson también profesor real en el mismo colegio de Navarra, académico en la real Academia de las ciencias, maestro de física y de historia natural de los príncipes de Francia. Da sus lecciones a las once tres días en la semana en su propio gabinete, como hacía su antecesor, y hacen los demás profesores que abren sus estudios particulares.

No es solo éste en semejante profesión. M. Sigaud de la Fond, profesor de física, y miembro de varias Academias, también ha abierto sus cursos de física experimental. Así uno como otro añaden especiales lecciones sobre la nueva porción de física conocida con el nombre de Aire fijo.

También el famoso Comus, que al principio fue una especie de titiritero que andaba de feria en feria, ha logrado con su talento, estudio y aplicación, y con el caudal que ha adquirido en tantos años de ejercitar sus juegos, formar un excelente gabinete de física en que hace sus demostraciones, y le abre ciertas temporadas del año.

Así en física como en química y otras facultades, son varios los cursos particulares que todos los años se abren a sus respectivos tiempos. Hay algunos maestros que se ciñen a una sola materia, tomando alguna parte especial de las muchas que contienen las matemáticas y otras ciencias o profesiones. Hay otros que abrazan más número de asuntos.

M. Dupont ingeniero inspector y primer visitador de las canteras, reduce sus cursos a solamente el cálculo diferencial e integral. M. Fillalsier, miembro de muchas Academias, limita a solo experiencias sobre la naturaleza del fuego, con algunos principios teóricos. M. Lucotte se ciñe a la arquitectura práctica, precedido su curso de un discurso preliminar y de una introducción histórica relativa a esta arte en forma de conferencias. M. Robert extiende sus lecciones a cuatro facultades, geografía, astronomía, física y política, cuyo curso dura tres meses. M. Cressot abraza en el suyo la arquitectura, la geometría y la perspectiva.

Entre las facultades de que hay abiertas mayor número de escuelas públicas y particulares, la química es en el día más de moda. M. d'Arcet, M. Brognart, M. Mitouart, todos tres profesores muy acreditados y correspondientes de esa real Academia Médico-Matritense, abren anualmente sus respectivos cursos de química. M. Sage, también de esa Academia real y de esta de las ciencias, da el suyo de mineralogía, de que es profesor. M. Rouelle, sobrino del famoso Rouelle, uno de los primeros profesores que abrieron esta suerte de escuelas, sigue los mismos cursos de química que su tío. M. Tourcroi junta con el curso de química el de historia natural.

De las facultades de medicina y cirugía, y de algunas partes y ramos suyos hay varios cursos en esta grande capital, y sería prolijo el hacer mención de ellos. Solamente nombraré mi médico M. Portal lector y profesor de medicina en el real colegio de Francia, académico de las ciencias, &c. y nombrado sucesor de M. Petit profesor de anatomía y cirugía en el jardín del Rey. Dicho médico abre sus cursos de anatomía en noviembre, cuatro días a la semana en el anfiteatro del jardín del Rey. A este curso se sigue en el mismo día el de operaciones quirúrgicas por M. Mertrud, demostrador real, y miembro de la Academia de cirugía. Este mismo M. Portal es también escritor, como suelen serlo la mayor parte de estos profesores. Ha publicado una historia de anatomía en seis volúmenes, y algunas otras obras todas facultativas.

Otro autor (que ya he nombrado a continuación de M. de Buffon) M. Valmont de Bomare, socio de diversas Academias y miembro del colegio de farmacia, y director de los gabinetes de historia natural y de física del príncipe de Condé, tiene su curso de historia natural cuatro veces a la semana, parte en su propio gabinete, parte en el campo, para cuyos paseos destina algunos días. M. Pretot ha concluido los cursos que daba de historia y geografía. Ha compuesto sobre estas dos ciencias varias obras elementales muy útiles, y ha hecho una muy correcta edición de muchos historiadores latinos, enriquecida con notas y prefacios instructivos y bien escritos.

También hay cursos o escuelas de varias lenguas, de las muertas como la griega y la hebrea; y de las vivas como la inglesa, la italiana &c. Igualmente hay algunos de ortografía de otros tratados y asuntos; pero uno le los más curiosos y de que puede ser no tenga Vm. mucha noticia, es la escuela o curso del arte de escribir tan apriesa como se habla por M. Caulon de Thevenot que ha impreso dicho curso. Este arte se llama, entre los que le conocen, escribir de mano corta. Está muy en uso en Inglaterra, especialmente en las sesiones de Parlamento. Viene a ser el mismo que tuvieron los antiguos romanos con el nombre de Notas, cuya explicación puede ver Vm. en la obra Arte nueva de escribir, que estampó en esa corte nuestro Palomares el año de 1776.

Hay también cursos en sus respectivas temporadas de una facultad tan sumamente útil como es la Veterinaria: En esta escuela se trata extensa y fundamente el arte de albeitería, con principios científicos para el cuidado y la cura de caballos y demás cuadrúpedos con todos los correspondientes instrumentos y conveniencias. Hay su teatro de anatomía donde se hacen sus demostraciones. En fin se estudia la materia como una cosa verdaderamente muy útil, cuya ignorancia en sus profesores causa el perjuicio de la pérdida de mucha parte de animales tan útiles para el hombre.

Otro de los buenos establecimientos modernos es la asamblea de los sabios y de los artesanos u oficios. La tiene en su casa M. de la Blancherie. Allí se examinan y tratan las materias, y se ven las obras que han remitido los que tienen algunas que presentar. Se subscribe para concurrir a ella. No se recibe a nadie que no sea persona sumamente conocida o presentada por algún subscriptor, y hay ciertas horas destinadas para las damas, en las que no concurren los hombres. Esta asamblea dura todo el año, exceptuando el tiempo de vacaciones.

Además de los estudios serios, formales y antiguos, estos sucesivos establecimientos adelantan mucho el conocimiento y general utilidad en todo, pues las proporciones y medios tan cómodos y oportunos como agradables, pican la curiosidad y punzan la aplicación. Ésta logra sus progresos y se perfecciona con el continuo roce de trato civil, instructivo y erudito. No puedo conformarme con la opinión común de que la nación francesa es frívola. Se la achaca este defecto por la inclinación que tiene a la alegría. Acerquémonos al examen, y distingamos bien una cosa de otra.

Es cierto que la nación trata algunas cosas superficialmente, esto nace de la demasiada extensión que pretende dar a sus conocimientos, y del demasiado número de individuos que con su natural viveza se arrojan a tomar la pluma antes de saberla manejar, y se propasan a usar de la lengua sin la debida cordura. Pero no obstante sus ligerezas, singularmente en la juventud, también es cierto que la nación se halla floreciente; que se ha hecho imitar de todas las otras; que no solamente la cocina, el teatro, el peine, el baile y las modas, medios muy útiles para ella, han hecho casi universal su propio idioma y gran parte de costumbres, sino también la pluma; y que las artes, verdaderas hijas de las ciencias de la actividad nacional y del gobierno, han logrado las notorias ventajas que se conocen, tan convenientes y gloriosas.

En este país le ha formado aquella especie de útiles sociedades y escritores, que llaman economistas. Ya por incidencia tengo nombrado al difunto M. de Mirabeau secretario perpetuo de la Academia francesa, venerable viejo, cuya casa era muy frecuentada, en donde se trataban asuntos de esta y otras clases, y de ella han salido la mayor parte de semejantes escritores. Bien conocido es ahí el Marqués de Mirabeau autor de la obra intitulada El amigo de los hombres. En este mismo género ha continuado algunas otras.

A su imitación ha habido muchos que han escrito con el mismo título: El amigo de los niños; El amigo de las mujeres, &c. manía de estas gentes. La temporada que es más de moda escribir en método de diccionario, todo es diccionario; la que es de epítomes casi no se ve otra cosa; la que es de memorias, nos inundan con memorias; la que es de viajes, con viajes, y así respectiva y sucesivamente. Pero dejando aparte sus manías, y caminando sobre el supuesto de que hay una gran parte de superficial y repetido, como también de impracticable, demasiado sutil y lleno de paradojas entre tantos como se ponen a escribir ya por interés, ya por vanidad y capricho, por lo que muchos artistas y personas hacendadas se llevan muy buenos chascos por seguirlos sin elección ni examen; no cabe duda que hay otros muchos que escriben con utilidad y acierto, y que en general son los maestros de casi toda la Europa.

Estos economistas y sus secuaces abrazan todos los puntos principales del mundo culto. Artes, agricultura y sus ramos, comercio, impuestos, política, policía, canales, puentes, caminos, hospitales y otros semejantes establecimientos son partes que les conciernen más o menos, según el eslabón por donde toman la cadena los que se dedican a esta clase de ocupaciones. En sus obras y sesiones se tratan las materias por principios ayudados respectivamente de reflexiones, análisis y experiencias.

M. Turgot contralor general de Hacienda (cuyas funciones son las que tiene en España el secretario de Estado del despacho universal de Hacienda) fue un famoso economista. Su celebridad le elevó a aquel importante empleo: poco se mantuvo en él, y ha vivido retirado. M. Necker, que actualmente sirve el mismo empleo como comisión (sin el nombre de contralor general por ser protestante) es un grande economista, muy versado en el comercio, excelente calculador, hombre de mucho tino, juicio y reflexión, y que se halla muy acreditado y generalmente bienquisto.

Iré nombrando según me acuerde algunos de estos autores. M. Beaudeau canónigo regular y miembro de la Academia de Bordeaux, ha emprendido varias obras de esta clase, ha caído en algunos defectos de los referidos llevado de su propio celo, y han sido muy combatidos algunos principios de sus especulaciones sobre la Real Hacienda, el comercio y la agricultura. L'Abbé Carlier, Prieur de Notre Dame, ha logrado muchos premios académicos, ha publicado varias obras, y ha ejercitado su pluma en varios asuntos de historia, de comercio y de manufacturas. M. Pingeron ingeniero y capitán de artillería, ha publicado varias traducciones y otras obras. Entre ellas muchas disertaciones sobre la administración de la Real Hacienda, sobre la agricultura y el comercio. El Abate Rozier, autor de diferentes obras de física y de historia natural, ha coordinado últimamente una que se está imprimiendo con mucha aceptación intitulada Curso completo de agricultura, teórica, práctica y económica, y de medicina rural y veterinaria, precedida de un discurso que contiene un plan de estudio propio a los conocimientos necesarios en esta clase. Obra compuesta por una sociedad de agricultores patricios, y coordinada por dicho Abate. Son seis volúmenes en 4 grande y con estampas.

El Abate de Montlinot ha impreso el discurso que ha obtenido el premio de la Academia de agricultura de Soissons Sobre los medios de destruir la mendicidad. Sobre la misma materia se han publicado algunas otras producciones, y se publican cada día sobre los demás asuntos que abrazan esta suerte de escritores. El arte de la viña; Los medios de hacer bajar el precio de los comestibles; Nuevo plan de cultivo, y así otras semejantes obras. Entre ellas la del Diccionario de ciencias, artes y oficios, 23 volúmenes en folio, a cuya obra sigue también en folio el Suplemento y la tabla analítica y razonada de las materias contenidas en dicha obra. Otra de las mejores obras en este género es la que publica la Academia de las ciencias, y es Descripción de artes y oficios, por cuadernillos en folio, con sus correspondientes estampas; son ya 88. Se venden separadamente para comodidad del público, y se hace una gran rebaja para los que toman la colección completa. Se prosigue la empresa y se toman nuevos medios para conducirla a su perfección.

M. Veron de Ferbonnois inspector general de monedas, y consejero del Parlamento de Metz, ha publicado muchas obras, casi todas relativas a la Real Hacienda y el comercio. Entre dichos escritos el de Les Recherches sur les finances, ha servido mucho a M. Thomas para enriquecer su celebrado elogio del Duque de Sully, con los principios de administración y economía

que de él había tomado. M. de la Riviere ha dado al público un Ensayo analí-
tico sobre la riqueza y los impuestos o contribuciones, que a causa disputas
muy acaloradas entre algunos economistas y antieconomistas. Amigo, sería
largo entrar ahora a tratar de semejantes discusiones: ya se me resiste la
pluma por hoy. Dios gue. a Vm. ms. años, &c.

VII. París y mayo 20 de 1780

Amigo y Señor: Me parece que voy satisfaciendo la curiosidad de Vm. si no completamente en cuanto al por menor de sus materias, que eso sería trabajar volúmenes enteros, por lo menos lo suficiente con que Vm. pueda formar la idea que debe bastarle para el uso que de ella quiera hacer cuando guste. Me extiendo a veces sobre objetos que pueden parecer inconexos, pero no lo son en mi dictamen. Sobre todo poco importa un rato más de conversación entre nosotros, si la pluma me corre. La actualidad del estado de las letras pide en estos tiempos la circunstancia de dar a conocer los literatos. Para esto mismo es preciso hablar de la situación, estilo, costumbres, medios y proporciones en que se hallan unas personas con otras, y la relación que tienen unas con otras las letras, las ciencias, las facultades y sus respectivos profesores o aficionados.

Basta lo que he dicho a Vm. sobre economistas. El jardinaje y sus ramos, la agricultura y los suyos, los plantíos, las praderías y cría de ganados, la conservación de granos, la de montes, &c. &c. son otras tantas materias que ejercitan sus plumas. No puede darse punto fijo en donde acaba esta clase de escritores, y empieza otra, por la enlazada conexión de que ya tengo hablado.

Las colonias y toda especie de establecimientos, la navegación, el comercio, las manufacturas, son también otros importantes asuntos que se tratan y ventilan por principios teóricos, y por prácticas experiencias repetidas. La colección de los reglamentos de manufacturas y de los decretos del Consejo de Comercio (no muy común el hallarse completa) es una de las obras que más fundamente puede contribuir al conocimiento de este ramo. Muchas de sus providencias son resultas de las observaciones hechas, y pensamientos de algunos buenos escritores, como también de lo que la experiencia dicta sucesivamente de más acertado. Al célebre Diccionario de comercio de Savari, a su Perfecto negociante, obras reimpresas y muy añadidas, se ha seguido una infinidad de otras en punto de comercio. Sería cosa prolija entrar a hacer relación de todas ellas. Por los catálogos y diaristas puede Vm. informarse de las que más le convengan, si quiere satisfacerse en esta parte.

Con el motivo de la guerra presente, la navegación y cuanto pertenece a Marina, es una de las materias que hace ahora trabajar las prensas, renovando mucho de lo que ya se ha escrito, y añadiendo las nuevas especies que ocurren. Entre otras obras se acaba de publicar últimamente un compendio de la historia de esta Marina con el título de Los hombres ilustres de la Marina francesa, sus acciones memorables y sus retratos. Otro: un Resumen histórico de la Marina real de Francia, desde el origen de la monarquía, hasta el Rey reinante; y por este término se ven cada día nuevas producciones.

Entre las más frescas y metódicas sobre uno de los asuntos de que he hecho mención, me parece muy útil la que se publica este mismo año con el título de Historia general y económica de los tres reinos de la naturaleza: Los naturalistas, los botánicos, dice el autor, suelen darnos las nomenclaturas, las descripciones, los sistemas. Pero no basta conocer un mineral, una planta, un animal, es preciso también profundizar las propiedades y usos, que es lo que ha empeñado al autor tratar en esta obra la historia natural de una manera o modo económico. La divide en tres partes, que corresponden a los tres reinos, animal, vegetal y mineral, y de cada una hace sus respectivas subdivisiones. Debe ser muy cara esta obra, porque va acompañada de varias colecciones de estampas, algunas publicadas, otras que han de publicarse; una gran parte de ellas según el sistema del famoso Linneus, naturalista sueco; todas claseadas y representadas en láminas finas, y por consecuencia costosas. M. Bucehor, médico, es el compilador o coordinador y editor de toda esta obra. Creo que de ella se ha publicado un Prospectus en España.

Este mismo es autor de una obra periódica que empezó en agosto de 1768, y ha seguido y sigue hasta este de 80, intitulada La naturaleza considerada bajo sus diferentes aspectos, o Diario de los tres reinos de la naturaleza. Sin duda que el trabajo, estudio, tareas y noticias para este Diario, habrá contribuido mucho a ilustrar, metodizar, modificar y enriquecer la expresada obra, que en sustancia contiene los mismos materiales, pero coordinados y dispuestos del expresado modo que la publica, y cuyo producto dejará bien pagado su trabajo, pues sacará de ella mucho dinero. El interés, la gloria, la conveniencia, todos son estímulos de aplicación en esta gran capital.

La política es otra considerable materia en que trabaja la imaginación, talento y pluma de muchos autores. Los asuntos de comercio y sus partes, se dan mucho la mano con el de política. El comercio tiene una grande hermandad con esta sublime ciencia. Sin el conocimiento de aquél, no pueden ser muy fundados los progresos de ésta. En otro tiempo eran otras sus reglas, se miraban por muy diversos lentes que los del día los intereses de las naciones, y el sistema de la propia. Dichos conocimientos, y el de la historia con todas sus adherencias, son dos ejes en que estriba esta difícil máquina. Es preciso que cualquier escritor se halle bien versado en estas materias para no caer en absurdos que le desacrediten. Mal podrá conocer el derecho de gentes, y las partes esenciales que componen esta importante y erudita ciencia, sin estar bien instruido de aquellos importantes puntos.

El hombre de Estado aún necesita de más calidades que un escritor, pues debe también concurrir en él un exacto conocimiento de los hombres y de las cortes; un especial talento y sólida penetración; un espíritu de combinación bien calculada, madura y reflexiva; un seguro pulso y mesurado tino; una bien entendida prudencia y un ánimo compuesto y decisivo. Estas circunstancias muy difícilmente se hallan juntas, aunque son análogas entre sí y han de adornar semejantes personas para que puedan acercarse, lo más que sea posible en lo humano, al grado de perfección que conviene a esta rara clase de hombres, en cuyos hombros estriba la suerte de los imperios. Un buen estadista es capaz de hacer feliz su nación, y aun casi las otras.

He observado cuán rara cosa sea un verdadero hombre de Estado, como por ejemplo (citando otros tiempos) el Cardenal de Cisneros, el Duque de Sully. No obstante esto, la política, es un asunto de que todo el mundo habla mucho, y aquí tanto, que llega al extremo de ser conversación favorita hasta de mujeres vulgares. Con el nombre de Testamento, como el del Cardenal de Richelieu, el Cardenal Alberoni y el del Mariscal de Belle-Isle, &c. con el título de Espíritu como el de Montesquieu, Saint Evremont, Bacon, &c. y otros títulos semejantes han publicado muchas obras varios literatos.

Siempre que ocurre una guerra, son varios los escritores que salen por una y otra parte de las beligerantes y sus adherentes, como últimamente ha sucedido con las diferencias entre el Emperador y el Rey de Prusia, sobre los derechos y herencias de la Baviera, y está sucediendo en la presente guerra que empezó la Inglaterra con sus colonias americanas, y es de tantas consecuencias.

Los franceses han tenido el cuidado de traducir, corregir, añadir y enriquecer con notas las mejores obras de autores extranjeros, particularmente alemanes, que son los más famosos publicistas. Barbeirac y Rousset han sido los más principales en esta clase, que han comentado y continuado los más clásicos autores.

Muchos modernos, así alemanes como de otras naciones, ya escriben en francés, como por ejemplo: el Barón de Bielfeldt, sus Instrucciones políticas, obra ésta muy superficial y llena de equivocaciones: Burlemaqui, sus Principios de derecho natural, y así otros.

Además de las traducciones de Pufendorf, Grocio, Tillotson, Binkershoet, Wicquefort, &c. &c. obras todas de derecho y generalmente conocidas en Europa. La parte que principalmente debe componer los conocimientos necesarios a esta facultad, es la colección completa llamada comúnmente Cuerpo diplomático: Ésta se compone de una colección de tratados de paces, &c. hasta el año de 1700 en cuatro volúmenes en folio; o de la colección más añadida de Dumont que son ocho volúmenes también en folio. Con cualquiera de estas o con ambas, debe tenerse la Historia de los tratados antiguos dos volúmenes en folio del referido Barbeirac; la intitulada Negociaciones para la paz de Munster y de Osnabrug, con sus preliminares, instrucciones, cartas, memorias, &c. cuatro volúmenes en folio; la Historia de los tratados y negociaciones desde la paz de Vermis hasta la de Nimega, cuyo autor, como nacional, es muy parcial de la Francia en las casi continuas diferencias con la España en aquellos tiempos, dos volúmenes en folio; el Suplemento al cuerpo universal diplomático del derecho de gentes del citado Rousset, tres volúmenes en folio impresos en Amsterdam año de 1739; el Ceremonial diplomático del mismo, impreso el propio año, dos volúmenes en folio; la Colección Histórica de actas, negociaciones, memorias y tratados desde la paz de Utreck hasta el año de 1755, del propio autor; los Intereses presentes de todas las potencias de Europa por el mismo, tres volúmenes en 4 impresos en el Haya año de 1736; Memorias sobre el orden y preferencia entre los soberanos de Europa y sus ministros, para servir de suplemento a Wicquefort, por dicho Rousset año de 1736; Memorias del presente siglo por Lamberti, catorce volúmenes en 4 en 1740. Esta completa colección es la más principal en el asunto.

Pueden añadirse las respectivas historias o memorias de las paces y negociaciones de Riswick, Utreck, Belgrado, &c. &c. las memorias del Cardenal de Ossat, del de Retz, del Conde de Estrades, de los Noailles, &c. y otras varias obras de esta especie. La mayor parte puede Vm. ver en el octavo volumen de la Ciencia del gobierno, obra impresa en el año de 1765, perteneciente a esta misma clase, en donde su autor M. del Real hace una extensa enumeración de casi todas ellas. Quien quisiere hacer una entera colección formaría una biblioteca de esta sola materia.

Entre los que en el día tienen la pluma en la mano, sin contar lo que se escribe en las diferencias actuales en que no entro, merecen particular aprecio en mi dictamen los siguientes: M. de la Riviere que publicó el año de 1767 una obrita en dos volúmenes en 8 intitulada El orden natural y esencial de las sociedades políticas, y me ha parecido bien. El Abate Mabli que ha publicado varias producciones muy dignas de atención, como son El derecho público de la Europa, de que se han hecho ya varias ediciones añadidas: Principios para las negociaciones, Phoción sobre la relación que tienen la moral con la política; Observaciones sobre los griegos; ídem sobre los romanos: obras todas muy estimadas entre algunas otras más que ha compuesto.

El Abate Millot ha escrito varias obras de historia, elocuencia y traducciones, como los Elementos de la historia de Francia, los de la de Inglaterra, &c. diferentes discursos académicos y la traducción de arengas escogidas de algunos autores latinos. Pero la obra que es directamente del género de que voy hablando, y que más nos interesa, es la intitulada Memorias políticas y militares para servir a la historia de Luis XIV y Luis XV compuesta sobre las piezas originales del Duque de Noailles (Adriano Mauricio) mariscal de Francia y ministro de Estado; seis volúmenes impresos en París año de 1777. Dicho Noailles es padre del actual mariscal de Noailles y del actual mariscal de Mouchi, que le acompañó a España en su embajada extraordinaria el año de 1746.

Otra obra de consideración en el mismo género, y cuyo editor no se nombra, es la intitulada Memorias del mariscal de Berwik escritas por él mismo; dos gruesos volúmenes en 8 impresos en París en 1778.

Creo puede Vm. darse por contento con lo referido sobre la materia, y caminemos adelante, pues nos detenemos demasiado. Bien sabe Vm. que el fin del instituto de estas cartas se reduce a solo el tiempo presente: le observaré exactamente en lo tocante a historia, &c. de que voy a dar a Vm. una ligera, pero suficiente razón.

Ya conoce Vm. la historia universal compuesta en inglés por una sociedad literaria, y traducida en francés. Ahora por otra sociedad francesa, y por subscripción (como casi las más de esta especie) se hace una edición de la misma obra muy corregida, añadida y metódica. Se han separado del texto las disertaciones, para colocarlas en forma de notas al fin de cada volumen; se ha reducido el tamaño de éstos al de 8 para más cómodo uso, y se ha enriquecido con estampas y cartas correspondientes. Llegará a sesenta el número de los volúmenes.

Acaba de salir una obrita que parece ha gustado: su título Historia del Norte, o del origen y progresos de los gobiernos de Holanda, Suecia, Dinamarca, Prusia y Polonia hasta el año de 1777.

M. de la Harpe (de quien ya hemos hablado) ha dado este año al público un Compendio de la historia general de los viajes, reduciendo ésta a lo que hay de más notable y más bien verificado, y acompañándola de las correspondientes estampas y cartas geográficas. Son veinte y un volúmenes en 8. Bien sabe Vm. los muchos que contiene dicha colección del Abate Prevot.

Sucesivamente, como Vm. conoce, se imprimen los viajes modernos de los rusos, los ingleses, los franceses, &c. hasta viajes tan cortos, como últimamente uno de la Turena y Ginebra, se publican cada día.

Se está imprimiendo también por subscripción una obra bastante considerable intitulada Descripción general y particular de la Francia: contiene su historia natural, civil, política, eclesiástica y literaria; con sus cartas topográficas, &c. ocho volúmenes en folio mayor. Esta obra la ha trabajado una sociedad de personas de letras, de aficionados y de artistas; la misma que ha publicado Les tableaux Pictoresques et Fisiques de la Suisse.

Algunos sabios se han dedicado a recoger lo que hay de más importante en las provincias de la monarquía, haciendo sus respectivos viajes. Los naturalistas para examinar por sí mismos las producciones del país. Los artistas para dibujar las vistas, los campos de batalla, los puertos de mar, los acueductos, ruinas, iglesias, palacios, &c. Los botánicos para la clase que les corresponde, y así respectivamente recogiendo informes y tomando exámenes ocularmente. M. Guettard, que es uno de los sabios de crédito, se encargó de la mineralogía. M. d'Alembert, de quien tengo hablado a Vm. ayuda a lo que toca a la Francia literaria. M. Beguillet, bien conocido aquí por sus obras, es el coordinador de la parte que concierne la geografía, la historia y la descripción particular de provincias; y por este término se ha trabajado dicha costosa obra, en la que se halla inclusa la isla de Córcega, considerándola ya como provincia de la Francia.

Poco hace se ha concluido por M. Barbeau la edición de la Biblioteca histórica de la Francia, que emprendió en 1764. M. Febret consejero del Parlamento de Dijon: son cinco volúmenes en folio.

M. d'Essarts abogado y académico, ha dado al público una obra intitulada Ensayo sobre la historia general de los pueblos así antiguos como modernos, o Diccionario histórico judicial; seis volúmenes en 8.

M. Guyot ha puesto en orden, y publica una obra trabajada por muchos jurisconsultos, cuyo título es: Reportorio universal y razonado de jurisprudencia civil, criminal, canónica y beneficial: hasta ahora han salido a luz treinta volúmenes en 8 y deben ser sesenta.

M. Moreau historiógrafo de Francia, prosigue con su obra dedicada al Rey; su título es Discursos sobre la historia de Francia, o Principios de moral, de política y de derecho público, sacados de la historia de la monarquía: son nueve volúmenes los publicados.

M. Robinet, censor real, ha publicado un Diccionario de las ciencias moral, económica, política y diplomática; o Biblioteca del hombre de Estado y del ciudadano: son diez volúmenes en 4 los ya impresos.

Otro diccionario de que no quiero dejar de hacer mención por si Vm. tropieza con algún curioso genealogista, es el Diccionario de la nobleza. Empezó por doce volúmenes en 4 pero con lo añadido y los suplementos que publica su continuador M. de la Chenaye des Bois, será obra de muchos tomos.

Bien pudo Vm. conocer en Madrid al Abate Expilly, académico honorario de la Academia Española. Éste publicó un Diccionario histórico y político de las Galias y de la Francia, que ha merecido aplauso.

También le ha logrado M. Richer, entre algunas producciones suyas, con la intitulada Vida de los hombres ilustres, comparados los unos con los otros, desde la caída del Imperio Romano hasta nuestros días. Sería nunca acabar si yo quisiese dar a Vm. una exacta noticia de todos los actuales escritores en este género, que es uno de los más constantemente cultivados en este país. Sigamos nuestro camino.

Aunque la anticuaría es una parte principalísima de la historia y de sus conocimientos accesorios, no hablo a Vm. de ella; quiero dejarla en el tintero para otra ocasión. La Academia de inscripciones y buenas letras produce mucho motivo y estímulo para cultivar este esencial objeto de literatura. Sin embargo los franceses no tienen aquel entusiasmo que los italianos en punto de antigüedades. Sobre otros varios (de más o menos conexión con los antecedentes y los futuros) iré dando a Vm. noticia de las recientes producciones.

El Abate Berardier, autor de una obra muchas veces impresa, intitulada Resumen de la historia universal, muy propia para introducción al estudio a la historia, ha escrito otra que tiene novedad. Es su título, Ensayo sobre el recitar o manera de contar, que se mira como un tratado completo de narración en el que se hallan excelentes preceptos sobre el apólogo o fábula, sobre la novela, romance o cuento y sobre el poema épico.

El Abate Batteux además de sus traducciones, ha dado al público dos tratados, uno que intitula Las bellas artes reducidas a un mismo principio; y otro, Curso de las buenas letras, que son obras muy útiles en su clase.

M. Chomgeux ha escrito en dos volúmenes un Tratado de los extremos. La idea es nueva, y el plan de la obra bien seguido. Ha publicado también una Biblioteca gramatical, o nuevas memorias sobre el hablar y el escribir.

El Abate de la Chapelle además de sus obras de matemática, casi todas sobre el pie de clásicas, y de que no hablo, ha publicado el Arte de comunicar las ideas, un Ensayo sobre la salud, y su Tratado del ventriloque, punto muy curioso. Sobre este gusto hay varios escritores de obras de imaginación. Llamo así a aquellas que son como parto de ésta, sin que puedan colocarse en clase particular, sino en la general de varia lección. Bien sabe Vm. lo fecunda que es la imaginación francesa como vemos en sus modas, cuya variedad y gusto han establecido el imperio de ellas casi universalmente. Los franceses tienen una facilidad grandísima en escribir, y poseen el arte de hacer libros; en un momento arman uno: inmediatamente establecen su plan, luego arreglan el conjunto, coordinan sus partes, y forman su método según sus miras.

El Abate Ansquens de Londres ha escrito una obra intitulada Variedades filosóficas y literarias, y parece ha sido bien recibida del público. En el mismo caso está el Abate Longchamps con la suya, cuyo título es Pintura histórica de las gentes de letras. Solamente ha llegado hasta el tiempo de Francisco I, cuando llegue a tiempo más cercanos, que son los más críticos, puede prevenirse a sostener la pelea literaria, que es regular se le presente.

M. de la Croix es autor de varias obras en que muestra ingenio inclinado a cuanto es análisis: como la intitulada el Espíritu de Mademoiselle Escidery, el Diccionario de los diversos cultos religiosos, el de las batallas, el de educación y el de dichos y hechos memorables.

De este mismo apellido hay un abogado del Parlamento de Tolosa, que ha publicado una colección de memorias, y ha escrito algunas otras obras que dice Sabatier hacen honor a su pluma. No es tan favorable su dictamen para con el abogado de este Parlamento de París, que tiene el mismo apellido de la Croix, y es autor de las cartas de Azi a Zurac, de las del coronel Talbert, de un Tratado de moral, de las Memorias del Caballero de Gonthieu, de las Memorias de un americano, de las Cartas de un filósofo sensible, y de los cinco primeros volúmenes del Espectador francés.

Sabatier aún no tenía noticia, o no le llegó a tiempo para su edición de 1779 la obra intitulada Reflexiones filosóficas sobre la civilización y los medios de remediar los abusos que ella arrastra, que ha merecido mucha aceptación. Ha seguido el autor el método de obra periódica para su más fácil despacho, y para ir recibiendo los avisos o prevenciones que pide al público en ella. La divide en cuadernillos, y cada seis hacen un volumen: el primero empezó en 1778, y a instancias de algunos principales magistrados sigue este año de 1780. Ya van surtiendo el efecto que más podía lison-jearle algunos de sus pensamientos, pues entre otros, el capítulo sobre las prisiones ha sido el móvil de las benéficas providencias que en esta parte se están practicando.

El Conde de Turpin de Croissé, mariscal de campo, inspector general de caballería y dragones, y académico de Berlín y de Nancy, ha escrito sobre materias de su propia profesión, como el Ensayo sobre el arte de la guerra y los Comentarios sobre Montecuculi. También se ha ejercitado sobre asuntos de literatura, como la obra intitulada Entretenimientos filosóficos y literarios de dos amigos.

M. Turpin de la Universidad de Caen se ha acreditado por uno de los mejores autores biógrafos que tiene la Francia con la vida del Gran Condé, y la del Mariscal de Choiseul, publicadas para formar la continuación de las Vidas de los hombres ilustres de Francia. La Vida de Mahometo, y la Historia del gobierno de los antiguos romanos, no son de la misma fuerza.

El Abate Seran de la Tour ha escrito la Historia de Epaminondas, la de Escipión, la de Filipo de Macedonia, la de Catilina, los Entretenimientos de la razón, el Paralelo de la conducta de los cartagineses con los romanos, el Arte de sentir y juzgar en materia de gusto, y así algunas otras obras que logran la estimación de muchas gentes de juicio.

M. Servant abogado general del Parlamento de Grenoble ha dado al público un Discurso sobre las costumbres, que ha logrado aplauso.

M. Soret abogado del Parlamento de París ha trabajado otra sobre el mismo asunto con el título de Ensayo sobre las costumbres. Ésta, y otras producciones, y también los premios con que ha sido coronado en varias academias, le dan nombre en la presente literatura.

Del Marqués de Aubais (que cito, aunque murió en 1777) hay una obra muy apreciable, que es La colección de piezas fugitivas para servir a la historia de Francia. Dice Sabatier que la luz que ha dado, ha servido de guía en sus trabajos a muchos autores, como la facilidad en comunicar los tesoros de su inmensa biblioteca, ha contribuido a la perfección de muchas obras.

El Caballero d'Arcq ha traducido diversidad de asuntos con moderación y acierto: Sus Ocios, El templo del silencio, Las cartas de Osman, tienen en su especie tanto mérito como en la suya la Historia general de las guerras, y la Historia del comercio y navegación: unas y otras son aplaudidas.

Por este término y otros respectivos son varias las producciones que fatigan las prensas, y aun también los lectores.

En la mayor parte de autores que he ido nombrando, y de quienes he indicado algunas obras, habrá Vm. observado lo que tengo repetido de que casi todos escriben sobre distintas materias con la misma pluma. Cada uno es a un mismo tiempo novelador, poeta, biógrafo, matemático, físico, moralista, &c. Esta afluencia tan varia nace de las causas de que también ya tengo hablado a Vm. suficientemente. Pero las materias que se hallan más estrechamente ligadas son las de cuentos u novelas y la poesía.

Sucesivamente he ido nombrando diferentes escritores sobre esta clase de obras por incidencia con la noticia de otras suyas. Pero se ha extendido tanto semejante especie de escritos, que se ha hecho ya un asunto muy serio, al mismo tiempo que común, y es preciso le dé a Vm. una razón individual sobre ella.

Yo alguna vez me dejo llevar del sonido y traduzco romance, que entre nosotros se ciñe a solo aquella especie de verso conocido con este nombre, y de que hay colecciones muy curiosas en nuestros romanceros. También los franceses tienen recibida la palabra romance en el mismo sentido; esto es, por lo que es verso cancionero o poesía ligera para cantar. Usan también la voz nouvelle (novela) y así dicen les Nouvelles de Cervantes, de Scarron; Les cent nouvelles, nouvelles atribuidas al Rey Luis XI, Les nouvelles du Bocage, de le Reine Margarite, de Belphegar, &c.

Yo celebraría que nuestra Academia admitiese la voz romance en la acepción referida, extendiéndola a esta suerte de prosa, como una especie de sinónimo de novela, mayormente habiéndose puesto los romances, novelas o cuentos, en el pie de importancia que están en el día, pues algunos pueden calificarse de poemas, que esto viene a ser el Telémaco. En el ínterin permita Vm. que yo me sirva de la palabra romance, que en mi concepto significa una invención historial más extensa y compuesta que la novela. Nuestro famoso Don Quijote es un romance, y por digresión o episodios comprehende las novelas del curioso impertinente y del cautivo, que algunos han criticado a su autor.

A propósito de Don Quijote, es cosa bien extraña que permanezca todavía en la nación francesa la opinión (que propaga a las otras) de que el Don Quijote es una fina sátira contra el Duque de Lerma, por haber sido Cervantes tratado con poca consideración de aquel ministro. No solamente Moreri y los demás diccionarios de aquella clase, que ordinariamente le copian, sino también la célebre Enciclopedia sigue la misma opinión, como se puede ver en el artículo roman, sin embargo de que aquellos autores tienen vista la edición de Londres, y han leído en ella la vida de Cervantes, escrita por el exacto y eruditísimo Mayans, a quien citan en el artículo Sevilla donde hablan extensamente de Cervantes, considerándole natural de aquella ciudad por el texto de don Nicolás Antonio en su Biblioteca hispana. Con equivocadísima confusión pasan los enciclopedistas las razones que Mayans pone en favor de Madrid, a la pluma de aquél en favor de Sevilla, respondiendo al mismo Mayans, como si fuera contemporáneo suyo don Nicolás Antonio, que imprimió la citada Biblioteca hispana el año de 1672, y murió el de 1684, cerca de veinte años antes que naciese Mayans, autor de dicha vida de Cervantes en el año 1738, y que actualmente está imprimiendo varias obras.

Las patentes equivocaciones y clásico anacronismo que padece este párrafo de dicho artículo Sevilla, manifiestan la cautela con que deben leerse las obras francesas cuando tratan de cosas nuestras. Es muy posible que de alguna otra semejante equivocación salga la fábula, que tanto ha cundido, y confirma el artículo roman de ser el figurado héroe Don Quijote, la imagen con que se pretende hacer ridícula la persona y conducta de dicho ministro. El Duque de Lerma, aunque con el orgullo de Señor y ministro poderoso, podría tener alguna sequedad con gentes que no la merecían. Su carácter era enteramente diverso del que se pinta en Don Quijote, y era hombre de carrera política. Cervantes cuando publicaba y escribía su Don Quijote, era protegido, no solamente del Conde de Lemus, íntimo amigo y cercano pariente del Duque, sino también del Cardenal Arzobispo de Toledo, hermano del mismo Duque.

Ordinariamente los grandes ingenios han tenido en todos los países, y en casi todos los tiempos la misma poca suerte en intereses que nuestro célebre Cervantes, según varias veces se queja. La propia viveza de una caliente y agitada imaginación no les deja mantener las protecciones que adquieren, o si las mantienen no aciertan a disfrutarlas, o aunque las disfruten, las disipan. Fuera de que el conocimiento de su propio mérito les hace mal contentadizos, a veces orgullosos, y casi siempre descuidados. A esta circunstancia puede añadirse la de que la queja es uno de los adornos de sus producciones, y que las da materia o pábulo para fecundizar y lucir los pensamientos, y darles sus coloridos con dichos sutiles y agradables, como hace el mismo Cervantes en algunos lugares de sus muchas obras.

Esta de Don Quijote es sin duda el más famoso y más bien compuesto romance que hasta ahora se conoce dentro y fuera de España, verdaderamente digno de la constante celebridad que universalmente goza entre toda clase de gentes.

No puedo creer que el célebre Gil Blas de Santillana sea parto de M. le Sage aunque hombre de ingenio y de mucho mérito. Yo juzgo que el original es español. Toda la trama, la exactitud en costumbres, geografía, sucesos y la índole de su composición son muy convincentes señales de que no es producción de pluma extranjera. Es cierto que no he dado con el rastro de este original, y que el P. Sarmiento, que era una biblioteca viviente, no me sacó de la duda. Pero que lo ignorásemos aquel Rmo. y yo, no me hace mudar el concepto que tengo formado de que alguna casualidad puso en las manos de dicho M. le Sage el M. S. español, y no es obra original suya.

Volviendo a nuestro propósito, digo a Vm. que los franceses han traducido en este género, como en los demás, lo mejor de las otras naciones; como de la inglesa Pamela, Clarisa, Gullivert, &c. y a sus propias producciones las dan su barniz de moda. Bien sabe Vm. la disputa sobre la utilidad o el daño de los romances. No hay duda que los obscenos y libertinos simulados son dañosísimos. La dificultad entra sobre los decentes y regulares. Por un lado parece que distraen demasiado la juventud, por otro que la pueden hacer aplicada y servir de cebo para su instrucción y conveniente pasatiempo. Algunos hay de muy buena moral, y bien manejada esta parte, podría servir de antídoto y preservativo a las siniestras impresiones. Éste sería un excelente y suave medio de corregir las costumbres, mejorarlas y ordenar su dirección al bien común. Inspirando rectitud, pundonor, decoro y benevolencia, contribuiría también a esparcir el ánimo; desahogo esencial en la sociedad humana, llena ordinariamente de cuidados y sinsabores.

M. de Saint Pelayo de la Academia francesa se ha dedicado a esta especie de literatura, tomando el empeño de resucitar el viejo tiempo de la monarquía francesa con sus Memorias sobre la antigua Caballería.

El Conde de Tressand (de quien ya tengo hablado en otra carta) ha trabajado con aplauso en este mismo género. Su Traducción libre de Amadís de Gaula, &c. revestido a la moderna, ha gustado mucho. En su prólogo pretende probar que la obra original es francesa, aunque hasta ahora ha pasado por española, y las traducciones se han hecho del español. Entre otras obras de esta especie, la que ha dado últimamente al público es la intitulada Histoire du Petit Sehan de Saintré, tan bien recibida como todas las suyas.

M. Arnaud se ha distinguido también en esta clase. Sagines ha logrado mucha celebridad; Rosalía y El príncipe de Bretaña han merecido aceptación. Este autor ha compuesto unas tragedias muy considerables, como el Conde de Cominges, Eufemie, Fayel, que no son para representadas al público. Por lo muy mirado que es el teatro francés; pero excelentes para leídas, y tenidas en grande estimación. Bien sabe Vm. que romancista y poeta son dos calidades hermanadas. La ficción, artificio y estilo componen su respectiva máquina, y es muy íntima y conforme la conexión de una con otra.

M. Saint-Symphosien ha escrito las aventuras de Nicias y Antiopé, y las Confesiones de Madamoisselle de Mainville, que han sido bien recibidas.

M. Ussieux ha publicado y publica varios romances cortos con el título de Nouvelles, novelas que han tenido suceso. Justamente me hallo a la mano con un romance que salió este último mes de noviembre intitulado la Maldición paterna en tres volúmenes, que no pienso leer. Su autor ha escrito el Paisano (o villano) pervertido, el Nuevo Abailard, la Vida de mi padre, y otras docenas de romances, historias, o libros de moral, que ya llegan o se acercan a setenta volúmenes. Por consecuencia en tanto matalotaje hay mucho de malo y algo de bueno.

Basta lo dicho en esta clase para darle a Vm. una idea de su estado presente, y le remito a la Biblioteca universal de romances, cuya colección se prosigue publicando actualmente en unos cien volúmenes con corta diferencia; que es muy suficiente dosis de novelería.

Antes de ponerme a hablar de los poetas, fecundísima casta de humanistas, quiero asomar a Vm. al mirador de las obras periódicas. Ya he dado cuenta de algunas sucesivamente según la ocasión; pero aún faltan otras muchas, y dedico a esta mirada el resto de mi carta. Rara es la cosa que no tiene su bueno y su malo. Tengo indicado a Vm. mi modo de pensar en cuanto a semejante especie de obras. Pero hallo que es sumamente útil el que Las haya, y debemos estar agradecidos a los laboriosos escritores que las trabajan, mayormente, que como no adquieren por lo común mucha gloria, son muy acreedores a nuestra consideración. Es de mucho alivio cualesquiera literato y hombre de esto la noticia de las producciones periódicas para usar de aquella que mejor le conviene en el género a que más ha inclinado sus tareas y diversión.

Hay diarios que lo son propiamente, pues salen todos los días; pero este significado se extiende a toda obra periódica sea como fuese, por semana, mes, meses, año, &c. Yo pretendería que nosotros adoptásemos la palabra jornal y jornalista por sinónimo de diario diarista; aunque éstas son más propias. Llamamos jornal al el estipendio diario de un mozo de labranza, de un peón de albañil; jornalero al que recibe esta paga; jornada en varias acepciones, &c. Me parece podíamos añadir la acepción correspondiente a las letras, dándola igual sentido que los franceses a las palabras jornal y jornalista. No hallo inconveniente, y era dar esa mayor extensión a nuestra lengua.

El origen de los actuales jornales o diarios ha sido el intitulado Journal des Savants, Diario de los sabios, que empezó en París un lunes 5 de enero de 1665. Éste es el primero y más antiguo de los jornales, el único que dura sin degenerar más de un siglo hace, y el que ha tenido más número de hombres grandes por autores. Su inventor y fundador fue Dionysio de Sallo consejero del Parlamento de París. El mismo, conociendo lo arduo de la empresa, se agregó algunos otros literatos. Gozó de la protección del gran Colbert, que siempre tenía a su lado una grande junta de hombres doctos para consultarles en materia de letras y de algunas otras. Excuso nombrar los sucesores de Sallo. Basta decir que desde que el chanciller d'Aguessau tomó este jornal bajo de su inmediata protección, y lo encargó a una sociedad de hombres de letras, se celebran sus asambleas en la chancillería. M. Dupuis, uno de los autores de este jornal, compuso en 1764 una memoria histórica muy amplia de él. En ambas obras podrá Vm. satisfacer su curiosidad en esta parte.

Las memorias de Trevoux son otra obra de esta naturaleza, que se ha sostenido. Empezó el año de 1701. Fue de los jesuitas hasta su expulsión. Últimamente M. M. Castillon son sus autores con el nombre de Journal des Beaux arts. Iré dando razón de los jornales más acreditados actualmente con este nombre, o con algunos otros equivalentes, como por ejemplo la Biblioteca política, eclesiástica, física y literaria de Francia, o Concordancia de sus historiadores desde el tiempo fabuloso hasta el presente: obra dedicada a la nación por una compañía de personas de letras. Sale al público el día 1 y el 15 de cada mes.

El Manual Bibliográfico para los curiosos es obra que se compone de setenta y dos cuadernillos en 8.º al año, y cada mes se dan seis al público. Contiene este jornal o diario un estado general de todos los objetos antiguos y modernos, que son relativos las letras, ciencias y artes, y que se venden diaria y sucesivamente en París. Contiene extractos, descripciones, notas, &c. correspondientes a puntos contenidos en dicho estado general, como también una relación de los principales sucesos; la vida y muerte de los hombres señalados y documentos y de los descubrimientos y nuevas invenciones que progresivamente se hacen.

Con el nombre de jornal de París sale un verdadero diario todos los días, inclusos los de fiesta, que comprehende la razón de los libros que se publican, los espectáculos que se representan y otras varias noticias.

Casi sobre el mismo gusto hay otro jornal que es hebdomadario con el título de Carteles, anuncios y avisos diversos: su autor el Abate Fontenai, que también ha publicado un Diccionario histórico de los artistas en dos gruesos volúmenes en 8 y algunas otras obras.

El Mercurio de Francia sale todos los meses. No es político como el de Holanda que se traduce ahí en Madrid. Este otro es literario. Empezó el año de 1672 con el nombre de Mercurio galante; luego variando de materia tomó el nombre de Mercurio francés, y después le ha mudado en el de

Mercurio de Francia, que es con el que subsiste desde el año de 1714. M. Marmontel le ha tenido a su cargo algunos años.

No hablo a Vm. de la gaceta por común y notoria, ni de las obras periódicas que suelen salir con algún motivo particular, como el presente de la guerra, y luego concluyen. Por ejemplo, L'Espion français a Londres, que se publica todos los sábados: Affaires de l'Anglaterre et de l'Amerique, también semanal, y otros semejantes.

Abraza unos y otros objetos el jornal intitulado Anales políticos, civiles y literarios del siglo XVIII que sale el día 15 y el 30 de cada mes. Esta obra es la continuación de la del Jornal de política y literatura compuesto en París hasta junio de 1776 por el mismo autor, que es el célebre M. Linguet abogado del Parlamento, ruidoso antagonista de M. d'Alembert y sus secuaces. De resulta de sus desavenencias pasó a Londres, fue el primer autor de la única gaceta que se ha visto en francés en aquella capital, entre las ochenta que salen cada semana, la cual se conoce con el nombre de Correo de la Europa. Últimamente reside en Bruselas desde donde prosigue escribiendo dichos anales, y uno de sus contrarios sigue publicando el Jornal de política y literatura en París.

Ya tengo hecha mención del difunto M. Freron, autor del Año literario, añadido ahora, que prosigue esta obra Freron su hijo, a quien el Abate Grossier ha ayudado algún tiempo en su composición.

El Jornal enciclopédico, que se imprime en Bouillon por una compañía de literatos, que tiene sus correspondientes en diferentes cortes y capitales de Europa, se sostiene con bastante crédito. Como los referidos hay diversidad de jornales, más o menos estimados según la reputación de sus autores, como el Jornal político también impreso en Bouillon; el Jornal extranjero; la Gaceta literaria; el Jornal de Verdun; el Jornal físico del Abate Rocier, autor de varias obras de política y de historia natural; el Jornal económico; el Jornal de medicina; el Jornal eclesiástico, antes Jornal cristiano, por el Abate Dinouard autor de diversas castas de obras. El Jornal histórico y político de Ginebra; el Jornal de las damas; Jornal de las Emphimerides, &c.

Ha habido y hay varios jornales o diarios con la poca suerte de haber sucedido el sepulcro a la cuna muy inmediatamente; y no es extraño que la presunción de algunos haya visto vivir tan poco tiempo sus producciones.

Esta casta de obras no tiene poco que hacer, pues los análisis, las críticas, los elogios, la elección de lugares propios para extractos, el orden, los juicios que deben formar exigen mucha circunspección, saber y cuidado. Es preciso manejar bien la imparcialidad, o si se falta es indispensable conocer el partido que se abraza. Esta suerte de escritos suele ser también un campo de Marte literario, al que concurren a sus peleas algunos campeones. Igualmente sirve de mercado público en donde muchos, por medio de cartas, avisos, &c. acuden con las noticias de sus producciones, o con apologías y otras materias que ocurren.

Para conocimiento del furor de obras periódicas en estos tiempos, basta decir que se publica todos los meses la intitulada L'Esprit des Journaux français et etrangers por una sociedad de gente de letras. Se vio muy decaída, pero con alguna mutación, adiciones y variación de método desde enero de 1774, ha logrado levantarse, y se sostiene bastante bien. Comprehende una individual razón de lo que contienen los demás diarios franceses y extranjeros en sus respectivos géneros.

Bajo el nombre de Almanaques y otros equivalentes, se publican anualmente varias obrillas periódicas para toda casta de gentes. A más de las que llaman L'Almanach Royal, Le Calendrier de la Cour, Les Etrenes mignones; L'Almanach de Versailles, L'Etat militaire, &c. &c. hay para las damas Le Petit secretaire, con una colección de peinados de moda y cosas semejantes. Para los petimetres hay el suyo; y respectivamente para militares, para artistas, para golosos, &c. &c. Hasta para los aficionados a loterías hay el Almanaque de las tres fortunas con sus cálculos, cabalas, &c. En fin a principio de este año me hizo ver un librero conocido mío su colección, la cual comprehende cuarenta suertes de almanaques: todos bien encuadernados en tafilete.

Me lisonjeo que puede Vm. contentarse con el pasto literario de este correo. En otro iremos dándola fin. Dios gue. a Vm. ms. años &c.

VIII. París y junio 3 de 1780

Amigo y señor: En el correo del 20 me dejé en el tintero tres obras, una periódica y dos con honores de tales. Por ellas empiezo esta carta destinada toda al Parnaso francés.

El Almanaque de las Musas sale anualmente. En él se insertan las poesías ligeras que ha producido aquel año. Algunas son de poetas famosos, o de autores famosos aunque no muy poetas. Otras de escritores novicios que quieren probarse, y saber el juicio que hace el público de sus producciones, y también el honor de verse incluidos en esta colección, pues sus editores procuran escoger las mejores piezas para formarla. Es un tomito en 12. El del año pasado tenía 305 fojas, el de este de 1780 tiene 279; todo se entiende, sin contar calendario ni prólogo, &c. Quiero, pues le tengo a la mano, dar a Vm. una idea de su contenido indicando lo más notable.

La primera piececita con que da principio es una invocación a Neptuno por el Caballero de la Loge, alusiva a las circunstancias actuales. A esta siguen otras piececitas, entre ellas una epístola de M. Marmontel, Sobre la esperanza de sobrevivirse; una Epístola sobre las flores del Caballero Parny, especie de pequeño poema; otra de unos 300 versos por M. de Fontanes; algunas poesías de M. Dorat, célebre poeta (de quien hablaré) como la Fábula del conquistador y del flauta, &c. otra fábula de M. Imbert que intitula la Academia de los animales; el Retiro al campo de M. Ducis; algunos cuentos de M. de Neuchateu; varios epigramas de M. Marson de Marvilloy; idilios, estancias, odas, madrigales y otras semejantes producciones de varios anónimos: algunos opúsculos de la Condesa de Beauharnois, de la Marquesa de la Fer..., de la Condesa de Bussy, del Conde de Tressant, y así diferentes amenidades sobre este gusto. En semejante género de colecciones hay de malo y de bueno, como Vm. bien puede colegir; pero siempre es una señal de que están en arma los ingenios, que se hallan en ejercicio, y que se cultiva este agradable arte de la naturaleza humana.

Los anales poéticos, colección cronológica desde el origen de la poesía francesa, se publican periódicamente, aunque no son una obra verdaderamente periódica. Hasta ahora son 14 los volúmenes que han salido; su tamaño el de 12.

La Enciclopedia poética es otra especie de colección que por términos periódicos va publicándose, y contiene las piezas escogidas de los mejores autores desde Marot y Malherbe, teniendo presentes sus críticas para la colección de extractos; debe constar de diez y ocho volúmenes en 8.

Entre otras obras nuevas corre con aplauso y críticas la del poema, intitulado Los meses en doce cantos, por M. Roucher. Hay dos ediciones, la una de 4 volúmenes en 12, la otra de 2 en 4.

También ha logrado aceptación el de los Eclipses, poema latino en seis cantos dedicado al Rey Cristianísimo; su autor el Abate Boscovich insigne matemático, traducido por el Abate Borruel, un tomo en 4.

El arte de pintar, es otra obra que corre muy estimada, sin embargo de que la versificación no es buena. Su autor M. Watelet lo es en la Enciclopedia de los artículos de Pintura, Diseño y Grabado con grande acierto, y de algunas otras obras que hacen ver su buen gusto, y lo versado que está en las letras humanas.

Las estaciones son un poema aplaudido por su propio partido, y muy criticado por otros; su autor M. de Saint Lambert.

El Abate Delille ha dado al público varias odas y epístolas con feliz versificación; pero lo que le ha adquirido un decente lugar en el Parnaso francés es la traducción en verso de las Geórgicas de Virgilio, que sin embargo de su elegante exactitud, ha sufrido una severa crítica de M. Clement. El rigor de este crítico no disminuye el mérito de aquella obra, como tampoco pierde el suyo el mismo M. Clement, quien con la severidad de sus observaciones, ha descubierto un especial talento para este género de poesía y para la sátira. La intitulada Mon dernier mot y otras le han dado la reputación de poeta, aunque todavía necesita cultivar este talento para contentar los humanistas delicados.

El Abate Aubert ha dado muestras de muy buen ingenio en el Apólogo. Sus fábulas de La Mirla, &c. le acercan al célebre la Fontaine más que otros que han manejado la misma clase de poesía. La superioridad en esta parte a sus contemporáneos, no le excluye de haber tratado otras con elegancia. Su poema de Psychis, aunque no exento de defectos, ha sido recibido con estimación.

M. Bitaubé no ha tenido acierto en sus obras y poemas, sino en el que ha hecho en prosa sobre la fundación de la República de Holanda con el título de Guillermo de Nassau, que ha merecido el voto y la estimación de los inteligentes.

Antes de pasar adelante, no puedo menos de hacer mención de un poeta muy aplaudido, que después, como prelado, embajador y ministro, ha hecho, y aún hace un gran papel en el mundo, que es el Cardenal de Bernis. Su pequeño poema de Las cuatro partes del día, el de Las cuatro estaciones, y las demás poesías ligeras llenas de gracia, de sal, de chiste y de ligereza, le hacen muy acreedor a su respectivo papel en el mundo poético como en el político.

M. Feutri abogado del Parlamento de Douai, ha hecho el poema intitulado el Templo de la muerte, y algunos otros cortos poemas, diversas eróticas, romances y varias poesías que le hacen honor en este Parnaso.

Al lado de este poema de asunto triste, quiero hablar a Vm. de otro bien alegre que es el intitulado Vert Vert, que ha gustado mucho, y se hallan en él muy hermanadas la alegría y la decencia. Su autor M. Gresset, que murió en 1777, lo es de otras muchas poesías, y de los más célebres de estos tiempos. Su comedia intitulada Le Mechant es una de las mejores que se han escrito modernamente.

Esta comedia me trae a la memoria que excuso de ir dando razón individual de los poetas más acreditados del tiempo presente, pues la mayor parte son también poetas dramáticos, que es el género de mayor interés y arte, sobre cuyo asunto voy a tratar.

Bien sabe Vm. que la vena poética se ramifica de mil modos. Raro es el que no se ejercita en más de uno, aunque el buen poeta lo es verdaderamente en solo una especie. De doctor, poeta y loco cada uno tiene un poco, dice un refrán nuestro. En los franceses se verifica este proverbio más generalmente. Su numen es bien ligero. Cada suceso, cada asunto lo es para sacar una canción y encajar una moda. La idea que Vm. puede formar de las obras y autores de que le voy dando cuenta, puede compararla con la que tenga o adquiera de los de la mitad del siglo pasado y parte de este, y sacará la consecuencia de lo más o menos floreciente de las letras humanas en estas tres últimas décadas, que llevamos hasta el corriente año de 1780.

La comparación es odiosa en ciertas materias y ocasiones; necesaria en otras; en ésta indispensable. Si yo hubiera de dar mi voto, diría que en las buenas letras percibo una decadencia que no me atrevo a señalar; pero que en las matemáticas y en la física hallo superiores estos tiempos a los pasados. La comunicación recíproca y comercio literario se ha extendido más, y se han adquirido sucesivamente nuevos medios. Esta es una ventaja para los progresos del conocimiento humano y su mayor cultivo.

No importa que me deje en el tintero, entre el crecido número de versificantes o poetas, algunos que merezcan alguna estimación. Lo dicho es suficiente, y voy a conducir a Vm. al teatro. Como he de empezar por el de la ópera, es preciso que antes hable de la música.

La música, pues... un amigo inteligente ha entrado en mi cuarto, y me tira por la manga diciéndome que es asunto largo; que debo mirarme algo más en él si pretendo dar una fundada razón en materia tan varia, que tanto se ventila y controvierte en esta gran capital; y que conviene tratarse con separación para poder desempeñarla debidamente, y satisfacer la merecida curiosidad de Vm. Yo sigo su consejo, dejo esta parte para otra ocasión, y entretanto me ciño a lo siguiente.

Aquí hay dos sectas armónicas, que forman dos partidos acalorados, y dividen en dos mitades toda la corte y la villa. Ambos profesores son extranjeros: el famoso Gluck alemán y el célebre Piccini italiano. Esta competencia ejercita la lengua, la pluma y la garganta, como diré a Vm. en la ocasión prometida. Ahora solo hablaré de una obra reciente que ha salido este abril, cuya noticia no quiero diferirla. Su título es Ensayo sobre la música antigua y moderna, cuatro volúmenes en 4 de más de 600 páginas cada uno, con estampas y música grabada. Esta obra, dice el autor, es el efecto de treinta años de estudio seguido, y de los extractos que han sido su fruto. El objeto es juntar en un cuerpo todo lo que hay escrito de bueno sobre la música en millares de volúmenes.

Habla de la música de los caldeos, de los egipcios, de los griegos, &c. Sobre la música griega, con los fragmentos que ha recogido forma un plan para que, mediante su método, sea fácil descifrar los trozos de música que se encuentren en los MSS. de Herculano y Pompeya. Impugna la opinión de Juan Jacobo Rousseau en su Diccionario de música en el artículo Caracteres, de que no hay sino las naciones europeas que sepan escribir la música. Demuestra que se ha engañado dicho ginebrino, y pone el método de los chinos, de los persas y de los árabes. Trae la historia de los instrumentos músicos que separa en tres clases, aire, percusión y cuerda. Presenta un tratado de composición. Describe cronológicamente las canciones del medio tiempo, precedidas de una disertación sobre las variaciones sucesivas de la lengua romance, hasta haber quedado enteramente convertida en francesa. Termina el segundo volumen con una escogida serie de canciones que divide en languedosienas, bearnesas, gasconas y provenzales.

Los otros dos volúmenes contienen noticias detalladas o circunstanciadas de los poetas literarios, compositores, músicos y escritores de música de los griegos, romanos, italianos y franceses. No habla de músicos alemanes, y se contenta con dar una lista seca de las obras del famoso Caballero Gluck (ya mencionado) cuyo silencio, y el hablar abundantemente de las de Piccini, hace ver que es su parcial y acérrimo anti-Gluckista.

Una obra tan completa como ésta, que puede aspirar a clásica en tiempo que ha hecho la música tan conocidos progresos, por fin la pega cuando toca algo que pueda considerarse por cosa nuestra, de suerte que no debe echarse menos el que no trate de música española.

En la noticia que da de músicos y autores sobresalientes con algunas anécdotas o casos que inserta, trata de nuestro célebre Farinello napolitano. El elogio que hace es muy merecido, muy cierto y muy justo; pero desbarra furiosamente en las anécdotas que cuenta. Dice que habiendo caído Felipe V en una especie de demencia hipocondríaca, la Reina hizo venir a España a Farinello, y que sin que lo supiese el Rey le hizo cantar en la pieza inmediata; que el encanto de su voz movió de tal suerte el ánimo de aquel soberano, que le hizo entrar inmediatamente en su propia cámara, y le honro mucho; que Farinello rogó a S. M. se hiciese afeitar y acudiese al despacho, dos cosas que no habían podido conseguir mucho tiempo había, y que logró; siendo éste el principio de su valimiento, con el que después llegó a ser primer Ministro. Como estos, dice otros mil disparates o sueños, que falta la paciencia para referirlos.

Bien sabe Vm. que Farinello, cuya voz y cuyo talento en su esfera, le hacen debidamente el primer músico de Europa, vino desde Londres a Madrid el año de 1738; que sirvió en calidad de músico de cámara, hasta el de 1746, en que murió Felipe V; que después siguió con el mismo empleo todo el reinado de Fernando el VI, en cuyo tiempo tuvo la dirección de la ópera, y le honraron muy especialmente dicho soberano y la Reina Doña María Bárbara; y que en principios del año de 1760 se restituyó a Italia, donde goza en Bolonia (que es su residencia) de la considerable pensión que el Rey N. Señor le tiene generosamente señalada.

Ya es tiempo de entrar en el teatro francés; pero al asomarme reparo que es demasiado grande el empeño en que me meto. No tengo a la mano los documentos que me son necesarios, ni el tiempo para su coordinación. El asunto es importante, pues en el día el teatro es una conocida señal de lo floreciente de un estado. Merece toda atención, y sería lástima dejar a Vm. poco satisfecho; por cuyas razones, el consejo que me dio el amigo para la música, me lo tomo también para la materia dramática. Pero le ofrezco a Vm. trabajar a continuación de aquélla, una disertación sobre estotra. En el ínterin daré igualmente una sucinta razón, para que Vm. se haga cargo de esta esencial parte de la literatura, ingenio, carácter y usos de la nación francesa actualmente.

Aquí es religiosa policía y costumbre tener cerrados los teatros en los días de las festividades más clásicas de la Iglesia, como Navidad, Pascua, Trinidad, Ascensión, Concepción, &c. Habiéndose considerado que en una gran capital, mayormente la de París, que lo es de tanta disipación, convenía un equivalente, se dispuso (con la circunstancia de que fuese análoga a semejantes días) y se abrió el año de 1725 a la hora acostumbrada, un espectáculo público llamado Concierto Espiritual. Estableciose en el salón de suizos del palacio de Tuillerías, en el que se construyeron palcos, y una grande orquestra. En él se tocan sinfonías, solos, &c. se cantan motetes, pastorelas, cantatas, y algunas áreas italianas, &c.

Si pasa por París alguna célebre habilidad de voz o de instrumento, lo luce en este espectáculo, que regularmente siempre se compone así en sus instrumentos como en voces de los mejores músicos de la cámara y capilla del Rey, de los más sobresalientes de las Iglesias de París, y de los más aplaudidos de la ópera, inclusas sus actrices. A este espectáculo pueden concurrir personas eclesiásticas: concurrencia que les está prohibida en los otros. En tal grado extraña el público su inobservancia, si alguno cae en ella que empieza a notarlo de modo que tiene que salirse.

La Iglesia galicana condena los teatros. Su respectiva protección y tolerancia nace de tácita consideración recíproca entre ambas jurisdicciones eclesiástica y secular. Dependen enteramente del patrocinio Regio. Los actores gozan del título de Comediantes del Rey. Es su jefe único y juez privativo el Gentil-Hombre de cámara que está de año. La inmediata protección que logra del trono este ramo, le hace conservar aquel decoro y decencia que se observa, y causa el grande auge en que se mira esta tan esencial parte de la buena policía, que poderosamente influye en la moral y en los modales urbanos. Contribuye este dulce atractivo de las gentes al bien común y recíproca conveniencia del público y del trato civil. Pero dejemos para la citada ocasión el tratar semejantes especies, y vamos a hablar como de corrida de lo que corresponde a teatro y sus poetas dramáticos.

La Ópera de Paris, el más brillante y magnífico espectáculo de Europa, es un poema dramático y lírico, en cuya armoniosa representación se reúne un bello conjunto de los más deliciosos esmeros de las ciencias y artes. La poesía, la música, la perspectiva, la danza forman las principales partes de su constitución. La idea de la ópera pasó de Venecia a Francia. Su época se fija en el año de 1669, y su primera representación y establecimiento en París en el de 1672. Aunque traen el origen de Italia, no son, ni han sido semejantes la ópera italiana y la francesa, ni en sus principios, ni en sus medios, ni en sus fines, y no deben compararse.

Le aseguro a Vm. que una ópera del gran Metastasio, puesta en música por un Pérez, un Galupi, un Jomelli, ejecutada por un Egipcielo, un Caffariello, un Manzoli, un Elisi, un Raff, &c. una Tesi, una Astrua, una Mingoti, una Gabrieli, &c. en un buen teatro como el del Retiro, el de Nápoles, el de Turín, el de Milán, &c. me divierte, me gusta, me encanta. No por esto dejo de hacer la diferencia del respectivo mérito de las dos representaciones tan poco parecidas una a otra siendo de la misma especie. La poesía, la música, la danza y todos los demás accidentes de la ópera francesa, son cosa enteramente diversa de la italiana.

Quinault, el más famoso lírico de esta clase, no ha tenido sucesor; murió en 1688. Los poetas actuales procuran imitarle, o mudan de rumbo para ver si por los giros o rodeos que intentan pueden tropezar con el camino que les conduzca al mismo aplauso. Pero hasta ahora lo más que logran es acercarse a un punto que les haga tolerables sus piezas, ayudadas de los demás adornos, y que queden en el teatro al lado de aquel gran modelo.

Algunos han retocado ciertas piezas suyas dándoles un baño de novedad, como ha hecho M. Marmontel con la de Orlando, que la ha puesto en tres actos con algunas variaciones. La ha habido enteramente en la música que era de Lully, y ahora es toda de Piccini, en cuya nueva forma ha empezado a representarse el año de 1778, y sigue alternando con otras piezas antiguas y modernas de varios autores y compositores. Muchas se renuevan, ya en las palabras, ya en la música, y rara suele volver al teatro sin alguna innovación.

Para ejemplificar con lo que hay de más moderno tomaré el postrer medio año pasado y lo que va de este de 80 hasta el presente mes de junio en que escribo. Empezó el mes de julio con la décima cuarta representación de Ifigenia en Tauride, renovada, en cuatro actos, poesía de M. Greillard, música del Caballero Gluck. En 4 del mismo mes se ha dado la primera representación de la Reina de Golconda, pieza nueva pocos años hace, y vuelta al teatro; poesía de M. Sedaine en tres actos, sacada de una obrita del Caballero de Boufflers, intitulada Aline; la música de M. Monsigny. En 24 de septiembre por la primera vez Eco y Narciso, ópera de tres actos, poesía del Barón de... (Ministro de cierta corte de Alemania) música del Caballero Gluck. En 22 de octubre la primera representación de Alceste, después de vuelta al teatro, con música del mismo compositor. En 13 de diciembre también la primera representación de Amadís de Gaula, tragedia-ópera de Quinault, vuelta al teatro en tres actos, con música de Back, maestro alemán; pues como ya dejo expuesto, vuelven a sacar con nueva música y otras variaciones las piezas antiguas suspensas o retiradas del teatro.

En 22 de febrero la primera representación de Atys, tragedia lírica de Quinault, y cuya música era de Lully, ahora lo es de Piccini. En 28 del mismo mes Ifigenia en Aulide, sacada de la tragedia de este nombre, por M... Música de Gluck desde el año de 1774, que volvió al teatro. En 2 de marzo Arminda en cinco actos, obra de Quinault y de Lully, vuelta al teatro en 1777 con música de Gluck. En 7 de mayo Cástor y Pólux: poesía de M. Bernard poeta agradable llamado el gentil Bernard, música del celebrado M. Rameau, compuesta en 1737; con todas estas piezas alterna la ya referida de Orlando.

Últimamente en 6 del corriente junio la primera representación de Andrómaca, tragedia lírica en tres actos; sacada de la Andrómaca del famoso Racine, música de M. Guetry, compositor que va adquiriendo mucha fama. Ésta se considera como la primera obra suya, pues aunque ya para este mismo teatro había puesto en música la pastoral de Céfalo y Pocris, son muy diversos el género y carácter de música en una pieza que en otra. Esta de Andrómaca es de arte superior: así al poeta como al compositor les han hecho los inteligentes aficionados sus amistosas críticas e insinuaciones de los lugares que necesitaban alguna mudanza. En su vista, y de sus propias observaciones ambos han corregido la pieza para las representaciones que se han seguido, y logran de un prodigioso aplauso.

Los Coros están perfectamente colocados, y los Bailes composición de M. Dauberval con la más propia analogía y exacta situación al asunto y episodios. La danza pírrica se mira traída muy a propósito, habiendo sido su inventor el mismo Pyrro, que hace principal papel en la pieza; y en todo se hallan bien observadas las costumbres y carácter antiguo.

Aquí la danza se amalgama y forma una masa misma con el poema que se canta, de suerte que viene a ser algunas veces un drama bailado, o un baile cantado. De esta especie se ejecutan varias piezas unidas o sueltas, como por ejemplo, la que nuevamente restaurada se empezó a representar el domingo 29 de enero último, intitulada Medea y Jasón, baile pantomimo, composición de M. Noverre, precedido de Euthimio y Liris, baile heroico, poesía de M. Boutellier, música de M. Desormery. Para mejor inteligencia daré una relación de las piezas, que al modo de esta referida alternando con las principales, y que son las ya expresadas, se ejecutan en este teatro.

La moda ha establecido no ser de buen tono la concurrencia al teatro de la ópera sino los martes y viernes. En éstos se hacen las representaciones principales: rara vez en domingo. Los domingos y jueves, así por variar como para que descansen las partes, hacen otras suertes de piezas, compuestas, ya de pastorelas, ya de algunos actos, ya de fragmentos, que son unos extractos de varios trozos escogidos de alguna ópera muy apetecida del público. En estas temporadas han dado muy frecuentemente los actos de

Theodoro y de Mirtilo y Licoris; los fragmentos de Euthimio y Liris, y de Vertumno y Pomona; los de la Unión del amor y las artes; La corte de amor; Bathilo y Cloé; la Pastoral de Filemón y Baucis, composición de M. Gossec, que ha vuelto a parecer en el teatro con grande aplauso, acompañada de Nineta en la corte, comedia bien conocida, puesta en baile, que es otro de los medios que usan ahora para dar siempre cosas nuevas que atraigan la curiosidad.

Y en fin para probar el gusto y tentar la inclinación del público parisiense, se admitió una ópera buffa italiana que representó sus mejores piezas, como La Bouna Figliola, La Frascatana, L'Amor Soldato, Il Geloso in cimento, &c. compuestos por los más acreditados maestros Piccini, Sachini, Anfossi, &c. Aunque en particular gustan a muchos franceses las áreas italianas, y deleita su agradable melodía, en general los oídos galicanos no están amoldados a las modulaciones, inflexión y estilo de aquella música. Les parece muy frío e insufrible el recitado; y además choca a la exactitud, reglas y orden del gusto francés la intriga, el tejido, la confusión y miscelánea de las óperas buffas.

Lánguidamente se había ido sosteniendo cerca de dos años la tal ópera; pero el 28 de noviembre la llegó su golpe fatal. Últimamente se había mezclado algo de ópera francesa con la italiana, para variar con más novedad, y poderla sostener. Aquel día, que un domingo, se representaba un acto de Theodora, el segundo de la Bouna Figliola y un baile panto-mimo con el título de Mirza y Lindor sumamente aplaudido. El concurso atraído por este baile fue mucho mayor que cuando se representa solamente ópera italiana. La gente empezó a desazonarse de modo que rompió en una especie de tumulto y no pudo acabar aquel segundo acto, porque se bajó el telón para disiparle. Después se ejecutó dicho baile. Con este escarmiento se prosiguió aquella temporada dando solo rara vez alguna representación italiana; pero concluido su tiempo se ha suprimido.

La experiencia ha hecho ver que no es fácil introducir este gusto en una nación preocupada del suyo propio, que con efecto, asistido de sus adornos y realces, tiene un verdadero mérito en el todo, aunque en sus partes no deja de padecer varias impropiedades e imperfecciones. Sin meterme en apologías de la música italiana, no puedo menos de hacer la reflexión de que ha penetrado, no solamente en España y Portugal, donde puede caber mayor analogía, sino también en las demás naciones. En Inglaterra ha tenido muchos años hace grande acogida así la ópera seria como la buffa, y respectivamente en todas las cortes de Alemania, en las de Polonia, Rusia, Suecia y Dinamarca; y sin que realmente aquélla se hallase poseyendo una eminente calidad, no podía ser tan generalmente agradable a naciones de tan diverso idioma, carácter, costumbres, gobierno y genio. En fin sobre este particular condeno los oídos franceses por tenerlos tan cerrados al delicado gusto de los iluminados jueces que componen la opinión contraria, a cuya fuerte y poderosa razón debe someterse cualquiera sano juicio.

Es cierto que la ópera francesa es muy correcta, y que el superior ingenio del célebre Quinault, fundador suyo, tomó los puntos para hermanar la naturaleza y el arte, y para encaminar su poema lírico dentro de los límites dramáticos, contemporáneamente a las reglas que establecían, y restauraban los famosos autores de la tragedia y la comedia, que son bien notorias, renovando y siguiendo los excelentes preceptos de griegos y latinos. Bajo de estos principios le pareció con fundamento que para unir en su debida forma lo noble, lo terrible, lo hermoso, lo agradable, lo magnífico era preciso tomar el género portentoso con prodigios y maravillas, y sacar todos sus asuntos de la magia, la mitología, y tiempos heroicos, llenando su objeto de entusiasmo sublime.

El paganismo y el encanto le suministraban los materiales, y su talento supo adoptarlos a la especie de espectáculo que se había de representar conforme a las ideas recibidas. La música, la danza, las tramoyas y máquinas, las decoraciones, la riqueza del vestuario, la orquesta, los coros habían de formar un todo, capaz de ser representado propia y metódicamente por una armoniosa poesía, compuesta de una sola acción, que causase interés y deleite, y que ejercitase en la perspectiva, la pintura, la música y demás accedentes los profesores de ciencias y artes que tan útilmente florecían y florecen en Francia. Juzgando que el canto no es propio lenguaje de los hombres, pareció emplearle en los dioses, semidioses y héroes de la oscura antigüedad, o en personajes prodigiosos, cuyas acciones son fuera ya de la posibilidad humana en el orden natural; y que hacer cantar unos héroes como Temistocles, Artajerjes, César, Adriano, Tito, &c. no era correspondiente a la conveniencia teatral y armonía de este espectáculo; por lo que siempre sus héroes fueron de otra jerarquía, como Zoroastro, la Armida, Alceste, Atys, &c.

No entro en las razones de pro y contra de la crítica que hacen los franceses a las más selectas óperas italianas. Yo no hago elogio ni censura de la ópera francesa, refiero sus calidades con imparcialidad, sin las preocupaciones que ordinariamente rigen las ideas de italianos y franceses.

Después de Quinault han seguido éstos las mismas huellas, principios y gusto. Pero como no ha nacido igual talento para este género, y en la condición humana es indispensable la variedad, se ha imaginado otro género de ópera más fácil que son los actos, piezas o fragmentos que dejo indicados. M. de la Mote (que murió en 1731) fue el inventor, y su primer obra de esta especie L'Europe Galante, sobre cuyo modelo han trabajado sus copiantes e imitadores. Estos poemas cortos logran la ventaja de ser compatibles con cualquiera otra pieza de baile o canto de diverso asunto, y pueden juntarse en un mismo espectáculo dos o tres castas de representaciones más o menos ligadas entre sí, o enteramente cortadas. Aquí es donde caben más bien los bailes pantomimos, que a veces suelen ser piezas enteras según el orden que llevan, y asuntos que figuran; como el de Mirza y Lindor ya mencionado, y otras semejantes. Éstos son diferentes de los bailes figurados relativos a la misma ópera, con cuya acción van encadenados, como los Zagales o Pastores de Orlando, los Placeres en el Palacio de Armida, los Espíritus infernales o Eumenides que enfurecen a Orestes en la ópera Efigenia, &c. u otros entes morales personizados.

De lo referido podrá Vm. inferir la especie de espectáculo que es éste, y la relación que tiene con la literatura, ciencias, artes y costumbres. Si se concurre a él material o maquinalmente por mera diversión y pasatiempo, no deja de haberla, añadiéndose lo lucido del auditorio a lo suntuoso del espectáculo. Casi siempre está lleno el tablado de los coristas de ambos sexos ricamente adornados y vestidos; de las bellas comparsas y los bailes tan primorosamente entendidos, y ejecutados con expresión, gracia, agilidad, arte y gusto. Si se concurre con toda reflexión y al modo de decir, facultativa o científicamente, no solamente los sentidos sino también las potencias hallan en qué ejercitarse, y el ánimo se recrea o se agita según los efectos que sugiere aquella ilusión.

123

En el auditorio es cosa digna de notarse la muy diferente impresión que causa a unos y otros de los concurrentes. Ésta es la sexta vez que me hallo en París. En la primera, aunque joven, acostumbrado desde mis primeros estudios a reflexionar y hacer análisis de los objetos que merecían mi aplicación, puse atención especial en observar los diversos efectos que hacía en los demás oyentes en fuerza del que experimentaba yo mismo, y me confirmo cada vez más en que fueron bien hechas mis reflexiones en aquel tiempo. Los italianos, nación de más exquisito órgano y ejercitado tímpano, mostraban una impaciencia y disgusto que les salía al rostro, no pudiendo sufrir los agudos de la música francesa, ni aguantar sus extremos. Nosotros tolerábamos algo más, pero también nos chocaba su música, su estilo y las descompasadas acciones de los actores.

Los alemanes, ingleses y demás naciones del norte oían con indiferencia la ópera, la atendían poco y se distraían con su propia imaginación, o con los objetos que rodeaban su vista. Yo deseaba que se acabase el canto, esperando con ansia los bailes; entretanto solo me gustaban los coros. Los franceses en éxtasis, observando un profundo silencio, y aplaudiendo con entusiasmo los pasajes que más nos disonaban, se creían los más dichosos hombres del mundo, desechando todos los cuidados, embebidos con fruición en aquel embeleso. Esto sucedía veinticinco años hace; lo mismo sucede ahora.

Parece imposible que una nación tan ilustrada se engañe en su gusto, que en tantos otros objetos es imitada y seguida. Tampoco es natural que las demás naciones se alucinen al extremo de serles insoportable, o por lo menos indiferente el mismo espectáculo. La consecuencia en esta variedad de sensaciones, es que hay en lo humano cierto grado de perfección física y real en que todos convienen generalmente, y hay un respectivo grado de perfección o belleza especial o nacional que se queda o retrae dentro del círculo de aquella propia nación, según las inflexiones e índole de su idioma, según sus costumbres y modos de percibir, &c. y se hallan en igual caso los muy connaturalizados por larga mansión.

Sin entrar en las discusiones que pueden verse en la Enciclopedia al artículo Poeme lirique de un enciclopedista nada adulador, ni en las convenciones tácitas entre el público y el teatro, le diré a Vm. que este espectáculo no ha salido de París. La composición o estructura de toda la máquina, lo conexas que están unas con otras sus ruedas, su conjunto y sus contrastes, hacen muy difícil la ejecución en otra capital que la de Francia. Sepa Vm. que el precio de sus ínfimas plazas o lugares en pie en el patio, es de 48 sueldos que quieren decir muy cerca de 10 reales de vellón. Este teatro no se considera sino como una Academia real, y en los carteles se llama L'Academie royale de Musique. Desde su institución se maneja bajo las órdenes inmediatas del secretario de Estado que tiene el departamento de París.

Por decreto de 17 de este mes de marzo se ha mudado en varias cosas la forma de su administración. Su gobierno y policía son cosa digna de atención y curiosidad.

Me parece que hablo más de lo que he prometido sobre la tal ópera, y ya es razón hacer punto. Conténtese Vm. con lo dicho, y mande Dios gue. a Vm. ms. años, &c.

IX. París y junio 14 de 1780

Amigo y señor: Dios libre a Vm. en la relación de los demás teatros me detenga tanto como lo he hecho en el de la ópera. Más que corriendo voy a citarle dos obras nuevas que no he leído, y a las que me remito. Sería grande anuyo meternos ahora en el detalle de las representaciones y de los espectadores. Antes que se me olvide, suplico a Vm. que es algo purista, me admita (interinamente a lo menos) las palabras anuyo, si no me acuerdo de fastidio que es la que más se le acerca, detalle y espectadores, valgan por lo que valieren, y vamos adelante.

Una de las obras es la Historia general de los teatros de todas las naciones desde Thespis hasta nuestros días, por una compañía de literatos; dedicada a Monsieur, título que lleva el hermano inmediato del Rey Cristianísimo. Se compone de muchos volúmenes en 8 y ya son nueve los publicados hasta este corriente junio. En ella, según su Prospectus, encontrará Vm. no solo cuanto concierne a teatros antiguos y modernos, sino también a toda especie de espectáculo, como los anfiteatros, circos, naumaquias (o combates de agua) juegos seculares o de centenar y otros muchos de los que antiguamente se han usado, y cuanto pertenece a los sacrificios, culto religioso, matrimonios y otros actos ceremoniales con el fin de que sirvan de guía semejantes detalles para vestir y adornar propiamente los teatros, de suerte que con la verosimilitud reine más bien la ilusión que corresponde. Igualmente se trata de las obras y de los autores, se hacen análisis de sus piezas, y a continuación de estos análisis se forman unas muy sucintas reflexiones.

La otra obra es la intitulada Tabletas dramáticas o Epitome de la historia cronológica del teatro francés; se está imprimiendo y ha de ser de tres volúmenes en 8 cada uno de 500 páginas poco más o menos. Contiene la razón de todas las piezas representadas, así impresas como manuscritas y anónimas, desde el establecimiento del teatro en Francia, hasta el punto dado en este año de 1780; un diccionario de todos los autores dramáticos, seguido del de los actores y actrices; y un resumen de la historia cronológica del dicho teatro francés.

Aquí el año teatral concluye en la cuarta semana de cuaresma, y empieza pasado el domingo de Quasimodo. Así el día de la clausura, como el de la abertura en el teatro de la comedia francesa, que es por donde empiezo, uno de los principales comediantes hace al público una elegante arenga en nombre de la compañía. Después se imprime, y por lo regular es una de las principales piezas de elocuencia que salen en París. La dice entre la pieza principal y la pequeña, pues son dos las que ordinariamente se representan.

El coliseo en lo material es sumamente indecente para una capital como ésta, pero ya se ha dispuesto fabricar otro muy bueno. Últimamente se ha estrenado en Bordeaux uno magnífico, que es el mejor teatro francés que hasta ahora se ha hecho.

En todo este año la suma total de novedades dramáticas de dicho teatro de París es de tres piezas nuevas y nueve Remises au teatre; esto es, vueltas al teatro así tragedias como comedias.

La comedia francesa es el primitivo y propio teatro nacional. El nombre de comedia es genérico hablando comúnmente, y bajo de él se entiendo el de tragedia. En tiempo de Cornelio y de Racine, aún se decía la comedia del Cid, la de Cinna, la de Fedra, y Madama de Sevigne así las nombra en sus obras. Ahora sería silbado cualquiera que no llamase con sus respectivos significados estas dos especies de dramas tan distinto uno de otro; pero se dice siempre El teatro de la comedia francesa, y en los carteles, Los comediantes franceses del Rey darán hoy, &c.

Sin embargo de que la profesión de comediante aquí es baja como en España, y no obstante que no se les da sepultura sagrada si mueren en su ejercicio sin haberle renunciado; se hallan muy estimados, no por capricho de algunos particulares, sino por consideración de las más distinguidas personas en nobleza, ciencia y gusto. Desempeñan este ejercicio, no unos bajos histriones ignorantes sin crianza ni modales, sino unos verdaderos profesores, que aunque de gente del pueblo, tienen educación, instrucción y modo, y saben por principios la profesión que ejercen; por lo que en el trato gozan la consideración a que son acreedores. Conocen el respeto que deben al público, y éste les guarda la correspondencia que se les debe por su habilidad y talento.

Entre los romanos era infame el oficio de comediante. Entre los griegos muy honrado. Los franceses piensan como los romanos, y tratan con ellos como los griegos. No entro en discusiones; me ciño a aquellas noticias más oportunas del día, acompañadas, al lo más, de mi parecer en el asunto, por lo que no me pongo a tratar ex profeso de comediantes, ni de tragedias, ni comedias. Sobre este particular me remito a las dos obras citadas, a la Enciclopedia y su suplemento en sus respectivos artículos, y a otras varias que tratan de propósito la materia.

Este teatro perdió el año de 1778 a M. le Kain, el mejor actor trágico que ha tenido de muchos años a esta parte. No ha quedado sucesor, y aún se le llora con desconsuelo. Precisamente en el mismo año murió en Londres el famoso Garrik, que ya se hallaba retirado del teatro. Allí fueron excesivos los honores que le hicieron, y no tiene comparación la riqueza suya ni la pompa y aparato con que aquellos isleños honraron su memoria.

El teatro francés en el pie que hoy se halla, se considera desde la mitad del siglo pasado. Los franceses confiesan que el español tendrá siempre la gloria de haber creado su teatro, que no ha sido en su verdadero principio sino una imitación del nuestro.

El gran Pedro Cornelio, su hermano Thomas y Racine fueron los fundadores de la tragedia en la perfección y corrección en que la han puesto, cada uno por su respectivo gusto. Moliere fue el fundador de la buena comedia. Era autor y comediante, como igualmente lo fueron en aquellos tiempos Baron, Dancour, Montfleuri, Hauteroche, &c. y en éstos lo son algunos que también juntan el ingenio de autores con el talento de cómicos.

Bien sabe Vm. que la tragedia es la representación de una acción heroica, cuyo objeto es excitar el temor y la compasión; que su principio es la sensibilidad humana, su medio el patético; los fines que se propone, el horror a los grandes crímenes, y el amor de las virtudes sublimes, que en sentido moral podemos llamarlas de grado heroico. Esta viva pintura viene a ser una escuela en donde los príncipes y poderosos pueden aprender sus lecciones, que no suelen tomar de otros maestros. Un buen poeta, que sabe manejar su pluma, puede hacer gran beneficio al público, diciendo en sólidas y elegantes producciones, que en la representación añaden tanto atractivo, lo que el más celoso patriota no puede, o no se atreve a decir a un príncipe, a un valido, a un poderoso. Es bueno que se encuentren con este espejo, donde miren los efectos de las vicisitudes humanas, muchas veces causadas por el ímpetu a que arrastran las grandes pasiones.

Sin embargo, en el concepto general de las gentes la comedia es más propia que la tragedia para dar escenas instructivas, y éstas bien manejadas con el arte que corresponde, son de una utilidad inmensa; pues la mayor parte de concurrentes, que frecuentan el teatro, leen poco en otros libros morales. El pueblo francés que concurre no es plebe, es pueblo culto y que puede costear su pasatiempo; pues el más ínfimo lugar, que es en pie en el patio cuesta 24 sueldos, que es muy cerca de cinco reales vellón, y las buenas entradas pasan de seis mil libras, que hacen veinte y cuatro mil reales vellón.

Para un pueblo como París es pequeño y ruin este coliseo, como ya he dicho, mayormente no habiendo otro para su especie de representaciones, y sucede que en una pieza nueva, o que es apetecida, en que acude mucha gente, se queda sin entrar gran parte de ella. Por lo dicho inferirá Vm. lo fino y delicado que es el teatro francés, lo difícil que es el ser buen poeta dramático, lo penoso el representar como se debe, y el estudio que cuesta al autor y al actor el triunfo de merecer la aprobación del público; inteligente juez, que con sus justas decisiones forma los cómicos y los poetas dramáticos.

La decencia, la compostura, la atención, el silencio, añaden una gravedad e importancia que infunde en el todo del espectáculo un cierto respeto, propio a considerarle como escuela de pública educación general.

El baile es el último objeto, y le hay como un mero adorno, ya preciso en el día por costumbre. La compañía de bailarines es la inferior en los tres principales teatros de esta capital.

En todo un año contado, como he hecho con la ópera, desde julio pasado hasta el corriente junio, se han representado treinta y seis o treinta y ocho tragedias: unas del gran Corneille, como Cinna, los Horacios, el Cid, Sertorio, Heraclio, alguna otra de su hermano Thomas, como Ariadna; otras del célebre Racine, como Bayaceto, Fedra, Andrómaca, Mitridates; varias de diversos autores que les han ido sucediendo; como Inés de Castro de la Mothe, que murió en 1731; Ifigenia en Tauris, de la Touche, que murió en 1760; Radamisto, Atreo y Tieste, Electra de Crébillon, que murió en 1762; Gustavo, de Piron, que murió en 1773 de muy avanzada edad; Gabriela de Vergi, Zelmira y el Sitio de Calais, de Belloi, que murió en 1775, el primero que ha renovado en sus tragedias las costumbres de los griegos de presentar a la escena sucesos nacionales. Semíramis, Mahometo, El huérfano de la China, Mérope, Tancredo, y algunas más de Voltaire, que como ya se dijo murió en 1778; y otras de autores actuales, como Dido, de M. le Franc, Marqués de Pompiñán, de quien tengo hecha mención en mi carta de 29 de abril; Hirza o los Illineses, de M. de Sauvigny; Hipermenestra y la Viuda del Malabar, de M. le Mierre; Pedro el grande (de Rusia) de M. Dorat, que se ha representado por la primera vez el día 1 de este último mes de diciembre con poco feliz suceso, desgracia que había experimentado el mismo autor en Rosaida, comedia nueva en cinco actos en verso, representada el día 2 de este último octubre. En ambas ha tenido gran parte la cabala contra él, y verdaderamente Rosaida merecía mayor aceptación, que logrará con el tiempo, pues éste le hará justicia; porque en su género es una de las mejores piezas modernas que se han escrito. Esta comedia y aquella tragedia han sido de las últimas producciones suyas que han salido al teatro durante su vida, que acabó el 29 de este mes de abril a los cuarenta y seis años de su edad.

Permítame Vm. aquí una corta digresión, pues M. Dorat, a quien traté, era un humanista que ha metido mucho ruido en estos tiempos. No era la principal vena de su ingenio la poesía dramática. Empezó su carrera en esta parte, animado de su amigo Crébillon, con la tragedia intitulada Zulica, representada en 1760 sin suceso. Tampoco le tuvo mucho la de Theagenes aquel mismo año; pero en el de 1773 le tuvo muy grande la tragedia intitulada Regulus. También logró aplauso la de Adelaida en Hungría en 1774. Últimamente había compuesto la de Zoramis, que aún no ha salido al teatro. En las comedias ha sido más feliz. El fingimiento por amor, viene a ser una copia del Desdén con el desdén. Se representó la primera vez en 1773, y sigue representándose con grandísimo aplauso. El celibato dada en el teatro el año de 1775, y el Desgraciado imaginario en 1776, logran la misma suerte; no tanta la intitulada Los Caballeros franceses. Últimamente había impreso la de Merlin bel Esprit, que es una fuerte crítica de los autores dramáticos adversarios suyos.

Estos son en bastante número, pues a M. Dorat, como uno de los primeros ingenios de la Francia, se le contaba entre los maestros fundadores de escuela, y tenía los muchos émulos que causan los celos literarios. Otros poetas han querido seguir sus huellas e imitar su tono y estilo;

pero quedaban muy debilitadas en sus plumas las buenas calidades del maestro, y muy abultados sus defectos. Sin embargo de éstos, así en sus piezas dramáticas, como en las demás obras, y no obstante la crítica que le hace el Abate Sabatier, era uno de los más famosos poetas franceses. El poema de la Declamación, otros cortos poemas, sus fábulas, sus cuentos, sus romances, sus poesías eróticas, sus epístolas, y sobre todo sus piezas fugitivas que rivalizaban las de Voltaire, y que muchos preferían, le han hecho célebre y adquirido una gran reputación, que sería más segura si hubiese escrito menos, reducidas sus obras a tres o cuatro volúmenes en 8. No es poco esto, pues raro es el autor que pueda presentar otro tanto de producciones de legítimo mérito. Se está imprimiendo su elogio, y se hará una completa edición de todas sus obras.

M. le Mierre es otro de los actuales poetas que mantienen la palestra literaria. La Viuda del Malabar, tragedia que se está representando actualmente con aplauso y concurrencia, salió al teatro por la primera vez el año de 1770. Hipermenestra se estrenó en 1758, y aunque no se ha representado este año, es de las que más frecuentemente se hacen. Tereo en 1761. Idomenea en 1764. Artajerjes en 1767. Guillermo Tell en 1769; y Barnewelt, que no se ha representado, son tragedias suyas. El mismo autor ha compuesto el Poema de la pintura, y en el pasado julio publicó el de los Fastos en diez y seis cantos. Estas y algunas otras obras, no exentas de críticas, pero que tienen su mérito, le han adquirido reputación, de suerte que el Conde de Tressant, y M. le Mierre, son los dos candidatos para las primeras plazas vacantes en la Academia francesa. El Abate Sabatier también le trata mal en su obra; me parece no camina con imparcialidad en estos juicios.

Hay otros autores trágicos de quienes ya he dado noticia en la ocasión. Algunos años se representan sus piezas, otros no, según han gustado más o menos. Lo mismo que, como queda expresado, sucede con las de los autores aquí referidos, y con las de otros poetas actuales de quienes aún no ha ocurrido ocasión de hablar, ni me obligo a ello, pues sería mucha prolijidad hacer mención de todos.

Además de las tragedias mencionadas y las antiguas de ambos Cornelios, de Racine, de Campistron, y las de sus sucesores Crébillon y Voltaire, se habrán representado de treinta años a esta parte, poco más o menos, de cincuenta a sesenta tragedias nuevas de varios ingenios. De M. Marmontel, de quien ya tengo hablado, se han representado unas cinco o seis; pero años hace que ha cesado la pluma trágica de este autor. La última suya fue la intitulada Egiptus que salió al teatro en 1756; la primera Dionysio el tirano había salido en 1748. Cuerdamente ha renunciado a este elevado género de poesía. De M. de la Harpe, que también conoce Vm. por mis cartas anteriores, hay otras tantas tragedias. Aún mantiene la palestra escénica. En 1778 ha dado la intitulada Les Bermecides, empezó en 1763 con la del Conde de Warwick. De M. Dacis hay algunas y con estimación; Amelisa en 1768; Amlet en 1770; Romeo y Julieta en 1772, sacadas del teatro inglés. De estos y de otros autores, que ya teniendo la pluma en la mano, o ya caída después han compuesto varias tragedias, se representan algunas según el gusto que los actores observan en el público.

Todas las tragedias son en cinco actos; pero no obstante hay ejemplares de algunas en tres actos, como la Muerte de Sócrates de M. de Sauvigny, representada en 1763 en cuatro como la de Loredan de M. Fontenelle en 1776; y en seis actos como Les Arcacides de M. Raynaud en 1775.

Con cuidado he ido poniendo las fechas para hacer ver progresivamente la actualidad de esta literatura. Sobre la ejecución de las tragedias hay mucho que observar. Los comediantes franceses saben perfectamente sus papeles, y los representan con una exactitud y precisión que es necesario llegar a comprehender, para hallar el interés y el gusto que pide su modo de recitar. La declamación y accionado suyo tiene para ojos novicios cierta apariencia de impropiedad y novedad, que desaparece con el tiempo, y se encuentra luego con el grado de perfección a que es acreedora la pieza, y su manera de representarla, supuesto el genio y carácter nacional.

Miguel Baron, que nació en 1652, y murió en 1729, discípulo del célebre Moliere, es quien fijó el tono de la declamación, adoptando de Grecia y Roma los principios, y el modo de expresar las pasiones respectivamente a las circunstancias del teatro francés, y se formó un arte de copiar la naturaleza en todo su vigor y belleza, expresando vivamente las situaciones de que es susceptible en la agitación de los sucesos y pasiones humanas.

Me acuerdo cuando veinte años hace, se estrenó la tragedia de Tancredo, el efecto que causaba. Estaba lleno todo el teatro hasta la orquestra misma, pues no había música ni hubo baile, sino solamente la pequeña pieza concluida la tragedia; seriedad con que algunas veces se representan. No se sentía ni una mosca; la representaron el mencionado aplaudido le Kain y la famosa Clairon. Sin penetrar aquellas ideas y sentimientos, y sin penetrarse de ellos, no pueden sentirse aquel bello patético que mueve los afectos y excita el ánimo, y no se gusta de este espectáculo que debe confesarse el más perfecto y correcto de Europa. Ha dominado en Alemania y demás países del norte; pero no en Inglaterra, en Italia, ni en España. Estas naciones tienen su teatro propio y más antiguo, que es suficiente causa para que no se haya aceptado fácilmente. Pero deben cederle toda la preferencia, necesitan corregir el suyo, imitar éste y dar muchos pasos adelante para igualarlo en el pie de perfección en que se halla de un siglo a esta parte.

Cuanto digo de la tragedia sobre la representación, debe igualmente entenderse de la comedia con la proporción correspondiente. Su modo de recitar, su tono, su estilo, su accionado son muy otros. Se acerca mucho más de aquel natural propio del uso común de la vida humana.

Se habrán representado en todo este año referido unas cien comedias. Nunca se representa de seguido una misma pieza sea tragedia o comedia. Si se repite alguna veinte veces al año, es en diez o viente semanas, a razón de una o dos veces por semana. Siempre se ejecutan dos piezas, por ejemplo, concluida una tragedia, o una comedia de cinco actos, se representa otra pieza de menos actos, y concluye todo con el baile cuando le hay, pues no se da siempre.

Regularmente se representa una pieza en verso y otra en prosa, aunque no hay en esto regla fija, como tampoco en el número de actos de que se compone: comúnmente son de uno, de tres y de cinco. Las hay de dos actos, como el Magnífico en prosa de la Mote; los Tutores en prosa de M. Pallisot autor de la intitulada Los filósofos, que ha metido bastante ruido, como ya he dicho en otra carta; La prueba indiscreta en verso, de M. Bret; Las dos hermanas en verso, del mismo autor, que lo es de otras diferentes piezas, y del comentario sobre las obras de Moliere, que ha merecido grande aceptación. Las hay de cuatro actos, como el Mercurio Galante o Comedia sin título en verso, de Baursault; Las bodas husaras, comedia que se ha estrenado el día 30 de enero y no ha pegado; El barbero de Sevilla en prosa, aunque escrita al principio en cinco actos, reducida después a cuatro, que es como se representa. Discurro conocerá Vm. a su autor M. Caron de Beaumarchais hermano de las modistas llamadas ahí comúnmente las Caronas, que vivían en la calle de la Montera; estuvo en Madrid años hace, y habrá Vm. oído sus historias.

No cito las comedias así en prosa como en verso de cinco, de tres y de un acto, pues son las regulares. Después de Moliere y sus contemporáneos, los autores más acreditados, y cuyas piezas más frecuentemente se repiten, son Regnard, que murió en 1709, y merece el primer lugar después de aquél. Dufresni que le merece después de éste, y murió en 1724; Brueis en 1723; le Grand, comediante que murió en 1728; le Sage en 1747; la Mote ya mencionado; Destouches en 1754; la Chausseé murió en el mismo año; Fagan en 1755; Boissi en 1758; la Noue, comediante en 1761; Mariveaux en 1763; Piron en 1773, y añada Vm. que casi todos los hombres de letras, así ya referidos como omitidos, especialmente poetas, aunque escritores en otros géneros, han dado al teatro algunas piezas. Pocos son los que han destinado su ingenio a solo esta clase de poesía.

M. Cailhava es uno de éstos, y sus piezas logran aplauso. M. Monvel le obtiene como autor, y también como actor, en cuyo mismo caso está M. Sedaine. M. Carmontelle es un autor dramático que ha echado por otro rumbo: sus piezas no son para el teatro público, son una especie de dramas morales que ha dividido en dos colecciones, la una con el título de Proverbios dramáticos, en seis volúmenes en 8 la otra en el de Teatro de campaña o de campo en cuatro, volúmenes, y otros dos de varias piezas de teatro de diverso gusto. M. de la Plate, traductor del teatro inglés, es autor de algunas piezas de teatro que han parecido bien. M. Chamfort, M. Lemonier, M. Rochon de Chabannes y otros semejantes autores abastecen la escena para que no falte algo de nuevo en ella, pero hasta ahora sus producciones no les adquieren grande reputación en la literatura, ni contentan a las gentes de buen gusto.

Las especies en que los franceses dividen la comedia en general son: Alta, mediana y baja; cuando se introducen en la comedia grandes personajes suele añadirse el epíteto de Heroica. Pedro Corneille intitula comedia heroica la de Don Sancho de Aragón en cinco actos en verso; Moliere la de Don García de Navarra en cinco actos en verso; Marivaux La reunión de los amores en un acto en prosa. Comedie-Ballet, otra diferencia que tiene la comedia francesa, es cuando se introducen en ella unos intermedios bailados, pero se usa muy poco en este teatro: como la del Amor médico en tres actos en prosa de Moliere, representada por la primera vez en 1665; la que tiene por título Los hombres, en un acto en prosa, estrenada en 1753 de M. de Saint-foix, autor de la intitulada Las Gracias, y de otras piezas que han agradado al público, como todas sus obras; ha muerto este autor en 1776. No sé en qué clase se puede colocar la del Convidado de piedra, que todavía se representa.

A estas se añaden otras diferencias con que los franceses más distintamente califican la subdivisión de las referidas especies de comedias, como comedia de carácter, comedia de costumbres, &c. pero la que merece más particular atención es la llamada Comedie larmoyante, Comedia lastimera o plañidera, especie o género que puede llamarse nuevo, o renovado con mucha variedad y mayor corrección que antes, habiendo sacado la mayor parte de asuntos o ideas de los romances ingleses.

En lo antiguo se conocía esta especie de dramas; pero reputadas por disformes e propias se abandonaron cuando renació el buen gusto, y se restauró, la comedia a su verdadera constitución. Algunos autores, no atreviéndose a señalar clase a semejantes producciones, se sirven a veces del nombre genérico de drama o pieza, como la de Adonis, drama en tres actos en prosa de M. Lonvay, estrenada en 1773; Beverley, pieza en cinco actos en verso de M. Fenouillot en 1776; el Fabricante de Londres, drama en cinco actos en prosa, del mismo, representada con poco éxito en 1771. El delincuente honrado, de cinco actos en verso, del propio autor, que solo se ha representado en teatros particulares, y se ha impreso en 1767. El huérfano inglés, drama en tres actos en prosa de M. Bongal en 1769; El vengativo, drama en cinco actos en verso de M. Dudoyer en 1774; El padre de familia, pieza de cinco actos en prosa de M. Diderot en 1761; El hijo natural, o Pruebas de la virtud, drama en cinco actos en prosa del mismo autor en 1771. Otras veces corren semejantes dramas con el regular nombre de comedias.

Dicho enciclopedista Diderot, de quien tengo hecha bastante mención en mi carta de 4 de abril, y la Chaussée que dejo nombrado aquí mismo, son los que se cuentan por fundadores. Empezó éste con Melanide, estrenada en 1741, y otras piezas que lograron feliz acogimiento. Ha seguido aquél poniendo este género en boga como se halla; después le han continuado los mencionados más arriba, y algunos otros. La comedia intitulada Eugenia, en cinco actos en prosa del referido M. de Beaumarchais, la Rosaida de Dorat, de que ya he hablado, son comedias del mismo gusto. No puedo sufrir la intitulada Dupuis et Desronais de tres actos en verso, estrenada en 1763, y me gusta la Partida de caza de Enrique IV, comedia de tres actos en prosa, estrenada en 1771, ambas de M. Collé que ha dado una nueva edición de sus obras dramáticas en tres volúmenes en 12.

Se compone toda esta especie de dramas de una seriedad y ternura que toca en trágico, y algunas de ellas pecan ya en demasiado lúgubres y metafísicas. No obstante la lobreguez y gravedad que reina en ellas, no se han atrevido a darlas el absurdo nombre de tragicomedias estos modernos escritores, como lo hizo Escarron, que llamó tragicomedia a la intitulada El estudiante de Salamanca, representada en 1654, y Gautier a la de Basile et Quitterrie de tres actos en verso en 1723. Pero yo me guardaré bien de pronunciar semejante herejía dramática. Me lo prohíbe soberanamente nuestro insigne Cascales en sus Tablas poéticas. No me basta que el gran Corneille haya dado el título de tragicomedia a la de Clitandre, representada en 1632. Durmió en aquella ocasión. Yo rindo la obediencia a Cascales, y en esta parte no me separo de su parecer.

La primera vez que leí sus obras fue el año de 1759, las he vuelto a leer en este de 1780, y cada vez me hallo más convencido de sus razones. Bien sabe Vm. que él publicó sus Tablas poéticas en el año de 1616; que respondió a don Joseph Pellicer en la quinta de sus Cartas filológicas, década segunda, y al maestro Pedro González de Sepúlveda en la novena de la tercera década; y que dichas Cartas filológicas se imprimieron en 1634. Remito a Vm. a las citadas obras, que no le costará mucho trabajo el verlas, pues modernamente se han reimpreso todas las de este autor, que eran ya raras. Verdaderamente yo hallo en ellas mejor y más fundada doctrina, después de más de siglo y medio que se escribieron, y de lo mucho que se ha ventilado la materia posteriormente, que cuanto veo escrito por todos estos modernos discursistas.

No pudiéndose llamar tragicomedias a semejantes dramas nuevos, y siendo preciso darles el epíteto, aunque impropio, de comedias lastimeras para entendernos mejor, abandonando ya la cuestión de nombre, diré a Vm. que con efecto son unos dramas que interesan, están llenos de sentimientos nobles, de pensamientos discretos bien ajustados; de una inquietud y un dulce patético que suspende y afecta el ánimo. Sin embargo merecen su crítica, pero no abrazo toda la que les hace el Abate Sabatier con demasiado amargo. A favor de sus buenas calidades, enseñanza y mérito (se entiende en las piezas de esta clase en que concurren dichas circunstancias) perdono sus defectos, y la parte en que faltan al legítimo estatuto de la buena comedia en cuanto a ciertas reglas, que justa y constantemente se le suponen. Me conformo con la más universal descripción de la comedia, y es La representación de una acción que instruye y divierte al espectador, así por la variedad de los sucesos, como por el carácter, costumbres y conducta de las personas. Pongo fin a esta parte diciendo que se representó en 1775 una pieza intitulada Pigmalión, a la que su autor Juan Jacobo Rousseau puso el nombre de Escena lírica.

Prevenga Vm. a nuestros amigos no extrañen que unas veces ponga yo los títulos en francés, otras traducidos, y algunas de ambos modos; esto nace del momento, según me viene a la pluma, y mi pluma es caprichosa.

Vamos ahora al tercer teatro de París llamado el de los italianos: en lo material todavía más ruin, más indecente y peor que el de los franceses. Es igual en varios accidentes, como el ser comediantes del Rey, tener el propio orden, gobierno y reglamento de policía, darle la guardia el regimiento de guardias &c. En lo esencial es sumamente diverso, pues son de especie muy distinta las piezas que en él se representan.

La comedia italiana se introdujo en París en tiempo de las reinas de la casa de Médicis. Después mezclados italianos y franceses, quedó establecido este teatro, representándose varias piezas francesas, las más de ellas adornadas de música. Se han ido sucesivamente reemplazando aquellas partes más esenciales de la compañía italiana. Se representan de tiempo en tiempo sus comedias, pero con una mezcla de idiomas muy singular: el Arlequín habla francés, el Pantalón habla italiano, &c.

En 1778 ha muerto N. Colalto, Pantalón, estimado como actor, y también como autor. Lo era del Monstruo marino en un acto, de las Intrigas de Arlequín en dos actos, de los Tres Gemelos venecianos en cuatro actos, y de otras varias comedias italianas. El Arliquin es el famoso Carlino que ya está muy viejo, pues representa en este teatro desde el año de 1742. Carolina, que ha sido célebre actriz, vive retirada. Son pocos los italianos que han quedado, y es regular se extinga esta miscelánea escénica. Ya no necesita este espectáculo, pues se le incorporó en el año de 1762 un teatrillo de las ferias llamado L'opera comique, Opera burlesca, bufa o bufona, que había tomado mucho vuelo con la novedad, jocosidad y buen gusto de sus piezas, por lo que pareció al gobierno más conveniente que se refundiese en él. Esta reunión le ha dado mucho realce, le procura más variedad, y le ameniza; de suerte que sin faltar a la decencia es el más alegre y divertido, y el de mayor concurso, singularmente de extranjeros.

En todo este año teatral son nueve las piezas reproducidas, y trece las enteramente nuevas. En las especies de que se componen hay más extensión para que los ingenios ejerciten su musa, pues no exigen tan estrechas leyes como las del otro teatro. Los compositores de música encuentran igualmente más campo en que explayarse. En la ejecución también se miran los actores con más anchura y arbitrio para su juego y sus gracias; pero conservando la delicadeza, circunspección y buen gusto que exige rigurosamente este público parisiense.

Además de las piezas de Goldoni y otros autores, y de las comedias francesas pertenecientes a este espectáculo, como Arlequin Sauvage en tres actos en prosa por M. de Lille, estrenada en 1721; Los dos amigos en tres actos en prosa por M. Dancour en 1762; Le Hereux Evenement en tres actos en verso de M. le Blanc en 1763; Les François au Port-Mahon en un acto en verso en 1757, y otras muchas por este término; hay las comedias que se componen de representado y de música; hay las que se intitulan Opera comique, y apenas se diferencia de las antecedentes, hay Pastorelas; hay Comedie-Ballet, &c. y hay las que llaman Parodies, que no sé traducir sino con el nombre de Parodias, y es preciso que Vm. le trague, pues no me acomodo a llamarlas Trovas, que es la expresión más cercana.

Parodia en fin es parificar ridículamente una tragedia, ópera, o comedia, remedándola con bufonada; por ejemplo, Inés de Chaillot, parodia de Inés de Castro en 1723; Les Magots de la Chine, parodia de El huérfano de la China en 1756; Baiocco, parodia del Jugador; Gabrielle de Passy, parodia de Gabrielle de Vergi en 1777; La Rage d'Amour en un acto en verso, parodia de la ópera de Orlando; actualmente Les Reveries renouvellées des Grecs, parodia de Ifigenia, y otras muchas, algunas con linda música.

Este género de piezas ordinariamente no tiene las calidades de una buena crítica, ni la sal de una fina sátira; ni me parece que necesita de gran talento e ingenio el parodista. La imitación ridícula de una obra seria, substituyendo una acción trivial a una acción heroica; un lenguaje vulgar y bajo, a un estilo sublime y elevado, o por lo menos bien ordenado y compuesto; son medios fáciles de hallar a la mano; tampoco me parece que el fin es conveniente ni propio del buen gusto. Ya entiendo que nuestro Cervantes con su famoso Don Quijote, parodiando los caballeros andantes, ridiculizase tan sazonadamente, como lo hizo por medio de su héroe aquel fanatismo de la antigua caballería que logró desterrar; pero no veo que las parodias actuales se hallen en el mismo respectivo caso, y no me parece buena política, su frecuente representación; convendría que fuese más sobriamente, ya que se permitiese por variar gustos. A mí no me agradan semejantes piezas; las que sí me parecen bien y hallo que tienen no solo mérito, sino también utilidad pública, son las comedias de música, u óperas cómicas que viene a ser lo mismo: unas y otras equivalen a lo que nosotros llamamos zarzuela. Es una honesta, bien entendida y agradable diversión, y muy susceptible de una amena variedad.

Los poetas y compositores actuales que más piezas de esta clase han dado al público, y se atraen el mayor aplauso, son M. Anseaume, apuntador de este teatro, autor de la comedia intitulada La Isla de los locos en dos actos, música de Dani, estrenada en 1760; de la de Los dos cazadores y la lechera en un acto, música del mismo en 1763, de la Escuela de la juventud en tres actos, música del mismo en 1765; La Cochette en un acto, música del mismo en 1766, y de otras varias. M. Cailhava (ya nombrado) autor de la singular pieza intitulada Arliquin comedien et Mahomet, ou le Cabriolet volant, Drame Filoso-comi-tragi extravagant en cuatro actos, estrenada en 1770; ha compuesto le Nouveau Marié ópera cómica en un acto, música de M. Baccelli en dicho año; y ha traducido la Bouna Figliola, opera buffa en los mismos tres actos, que con igual título de la Bonne Fille, opera comique, se estrenó en 1771 con la propia música de Piccini; en estas traduciones la parte recitativa se pone de representado. Una de las primeras piezas italianas que se tradujeron en esta forma fue la de la Serva Padrona, La Servante Maitresse, Criada-Ama, estrenada en 1754; gustó mucho, e introdujo en este teatro el buen gusto de la Música, que se ha ido adelantando, y la afición a semejantes composiciones.

M. Desfontaines ha hecho para el teatro algunas piezas de representado; pero en este género solamente la intitulada Le Mai, El Mayo en 1776, comedia en tres actos mezclada de prosa y de verso, de áreas y de Vaudivelles, que son una especie de canción, cantilena, o tono común conocido con este nombre.

El actor Favart es el autor que más piezas ha dado en todos los géneros de esta clase, como comedias con música, óperas cómicas, comedias de baile, pastorelas, parodias y otras composiciones de pequeños dramas para funciones y fiestas, algunas trabajadas por él solo, y varias en compañía del Abate de Voisenon y otros ingenios. Las que más frecuentemente se ejecutan son las Tres sultanas de tres actos en verso, con música de M. Gibert en 1761; Isabelle et Getrude comedia en un acto con música; La Rosiere de Salenci, comedia en tres actos, con música de varios autores en 1769; La Fe Urgelle en cuatro actos, con música de Dani en 1765; Les moissonneurs, Los segadores en tres actos, con música del mismo, en 1768; La Belle Arsene comedia en cuatro actos, música de M. Monsigny en 1775; Raton et Rosette ópera cómica; Le Coc du Village ópera cómica, y algunas más que omito, por no ser prolijo, son las que se repiten como queda expresado, más a menudo, pues pasa de noventa el número de sus piezas dramáticas. Su difunta mujer, célebre actriz, compuso algunas, como Bastien et Bastienne en 1753; Los hechizados o Juanillo y Juanilla en 1757; Annete et Lubin en 1762 y algunas otras.

M. de Framary: Nannete et Lucas o la Paisana curiosa, comedia de un acto en prosa, con música del caballero Herbain en 1764; Nicaise ópera cómica renovada con variaciones en 1767; La Colonie en dos actos, traducida de La isla deshabitada del italiano, con su música de Sachiny en 1775; La olimpiada o El triunfo de la amistad, drama heroico de tres actos en verso, traducido del italiano, con música de dicho Sachiny.

M. Laujon: L'Amoureux de 15 ans ou la double fete con música de M. Martini en 1771; Le Fermier cru Sourd, ou les mefiances con música del mismo en 1772; Matroco, drama burlesco de cuatro actos en verso, con música de M. Gretry en 1778; es también autor de pastorales, bailes, &c.

M. Lemonnier: Renaud d'Ast de dos actos, con música de M. M. Vachon y Trial; Le Maitre en droit de dos actos, ópera cómica, música de M. Monsigny, en 1760; Le Cadi Dupé ópera cómica, música del mismo en 1761, y algunas otras.

M. Marmontel varias veces mencionado, La Bergere des Alpes, pastoral de tres actos en verso, música de M. Kohault en 1760; Le Huron comedia de dos actos, música de M. Gretry en 1768; Lucile comedia en un acto, música del mismo en 1769; Silvain comedia en un acto, música del mismo en 1770; Zemire et Azor comedia entrelazada de baile y canto, en cuatro actos en verso, música del mismo en 1771; L'ami de la Maison comedia de tres actos en verso, música del dicho en 1772; La Fausse Magie comedia en dos actos después reducida a uno, música del dicho en 1775.

Monvel, actor del teatro francés, ha compuesto para éste, Julie comedia en tres actos, música de M. Desaides en 1772, L'Erreur du Moment comedia en un acto, música del mismo en 1773; Les Trois Fermiers comedia en dos actos, música del mismo en 1777.

M. Quetant: Le Depit Genereux comedia de dos actos en verso, música de M. Laruete en 1761; La Femme Orguelleuse comedia en dos actos en 1759; Les Femmes et le Secret comedia en un acto, música de M. Vachon en 1767; Le Marechal Ferrant ópera cómica de dos actos en prosa, música de M. Filidor en 1761; Le Serrurier en un acto, música de M. Kohault en 1774.

M. de Rosoy: Henrique IV, ou la Bataille d'Ivri drama heroico en tres actos en prosa, música de M. Martini en 1774; La Reducción de París drama en tres actos, música de Bianchi en 1775; Les mariages Samnites pieza en tres actos, música de M. Gretry en 1776.

M. Sedaine: Anacreon en 1758; Le Roi et le Fermier tres actos, música de M. Monsigny en 1762; Rose et Colas un acto, música del mismo en 1765; L'Anneau perdu et restrouvé, música de M. de la Borde en 1764; Les Sabots comedia, un acto, música de Duni en 1768; Le Deserteur comedia, tres actos, música de M. Monsigny en 1769; Le Magnifique comedia de tres actos en prosa, música de M. Gretry en 1773; Le Mort Marié comedia, dos actos, música de M. Bianchi en 1777; Themire pastoral, un acto, música de Duni en 1770; Le Faucon ópera cómica, un acto, música de M. Monsigny en 1772; Les Femmes vengées ópera cómica, un acto, música de M. Filidor en 1759. Le Huitre et les plaideurs, música del mismo en 1759; Le Jardinier et son seigneur, música del mismo en 1761, y algunas otras.

En 1778 se ha dado en este teatro Le Jugement de Midas comedia de tres actos en prosa, por M. Helle, con música de M. Gretry; función que ha tenido grande aplauso y le merece; como también L'Amant Jaloux comedia en tres actos del mismo autor y compositor. Ya he dicho que en el año último teatral han sido trece las piezas nuevas que se han ejecutado, ocho de ellas con música; sería demasiada prolijidad hablar de tantas, puede ser que de algunas haga mención más abajo.

En este año contado desde mediado de abril, en que fue la abertura, son ya cuatro las piezas nuevas que se han estrenado. El 3 de mayo la intitulada A trompeur, trompeur et demi, esto es, A pícaro, pícaro y medio, de un acto en verso, música de M. Desaides. La intriga, aunque algo complicada, los caracteres, los detalles hacen conocer que el autor es hombre de ingenio, y a quien no puede hacérsele el reproche, que ordinariamente merecen los autores de las comedias modernas, de mostrarse demasiado económicos de alegría; esta pieza tiene bastante. En 23 La Demande Imprevue comedia de tres actos en prosa, es pieza que no ha pegado. En 30 de dicho mayo la de Casandro Oculista en un acto con Vaudevilles, que no ha tenido aceptación. En el corriente junio la de Florina comedia de tres actos mezclada de arietas; antes de ayer se repitió corregida de algunos defectos que había notado el público, particularmente el de hallarse demasiado cargada de música, y con este retoque se espera que logre aceptación.

De las piezas reproducidas solamente nombraré la intitulada Le Silfe en un acto en prosa, de M. de Saint-Foix, porque, no obstante haber pasado la moda de este género de asuntos de imaginación, ha conseguido grande aplauso: la causa es, que el verdadero mérito de una obra queda siempre independiente de la moda.

De las trece referidas piezas nuevas, me ciño a nombrar las tres siguientes. En 26 de febrero se estrenó la intitulada Cecile de tres actos; no se ha dejado conocer su autor, la música es de Desaides: ha tenido aplauso y crítica, que es la suerte de la mayor parte de semejantes producciones. En 3 de enero la de Les Moeurs du bon vieux tems au Cassin et Nicolette de cuatro actos en verso, por M. Sedaine, música de M. Gretry. En consecuencia de los defectos notados por el público, se han hecho sus enmiendas, con las que ha vuelto a proseguir su representación.

Pero entre las piezas nuevas de todo el dicho año teatral ha caído con estrépito sin poder levantarse la intitulada Lamentine Comi Tragedie de dos actos en verso, que vio la luz el 12 de agosto, y murió a su segunda representación el 14, sin embargo de las correcciones hechas que el público había mostrado exigir. Aquí es costumbre retocar las piezas después de la primera representación, según lo que se observa de defectuoso en ellas pero no siempre basta como ha sucedido con ésta.

Su autor se picó mucho, y en los papeles periódicos expuso, que dicha pieza no la compuso para el público, sino para diversión de una sociedad particular, que habiendo parecido bien, algunos amigos creyeron que merecía ver la luz pública, y suponiendo que no era de calidad de ser recibida en la comedia italiana se resolvió a darla a uno de los teatrillos, y se dirigió a Nicolet, que después de examen la aceptó, y ofreció pagar cien escudos (cada escudo es tres pesetas) si pasaba de cuatro representaciones; pero como ninguna pieza puede representarse en los teatrillos sin consentimiento de los dos teatros francés e italiano, habiéndola examinado este último en su asamblea, pareció de suficiente mérito aquel género de parodia, parte esencial de su teatro, para retenerla para sí. Después hace el autor la apología de la obra, y atribuye su caída a una cabala formada por los partidarios de los teatrillos. Pero sea cabala en parte, o sea justa censura del público, no ha bastado el juicio que había hecho aquella asamblea de profesores, ni el buen fin de su autor, que dice había destinado el producto que le tocaba al socorro de unos huérfanos, para haber evitado su mal suceso.

He referido esta anécdota o caso para dar mayor conocimiento del teatro llamado italiano. Me he detenido en la relación de las piezas mezcladas de canto, porque forman la mejor, la más divertida y principal parte suya. Nosotros las debemos llamar zarzuelas, adoptando la denominación que las dio el casual motivo que Vm. sabe, de haberse empezado a representar en el siglo pasado semejante especie de dramas en el real sitio de la Zarzuela, cuyo nombre tomó aquella especie de funciones, y es cosa muy acomodada hallar una palabra con que explicarse aunque sea heterogénea, solo inventada por mera casualidad, y establecida por común uso.

Una gran parte de los asuntos de las piezas modernas se sacan de los romances, especialmente ingleses, como nuestro erudito y agudo Solís compuso su Gitanilla de Madrid de la novela del mismo título, de nuestro insigne e ingenioso Cervantes. Con este motivo me acuerdo ahora que el muy nombrado M. Linguet ha dado en cuatro volúmenes impresos en 1770, la traducción de varias comedias españolas, como No hay burlas con el amor, El sabio en su retiro, &c.

No hablo sobre la recepción de comediantes y comediantas, ni sobre los avisos o advertencias que por el medio de los diarios y otras obras periódicas, hacen los celosos censores y aficionados a la posible perfección teatral, por no dilatarme tanto. Por lo mismo tampoco hago mención de las piezas destinadas a los que llaman teatros de sociedad, que proporcionando la diferencia que corresponde, son unos dramas propios para caseros.

M. de Saci ha publicado en 1778 sus Opúsculos dramáticos en dos tomos en 8 que contienen cuarenta pequeños dramas en prosa, acomodados para las casas de campo. M. Carmontel, ya citado, y otros de los mismos autores mencionados, como M. Collé, M. Molina, &c. han compuesto muchos al propio fin. M. Boutelier y varios anónimos han impreso por este gusto varias obrillas dramáticas, como también para los teatrillos de que voy a dar a Vm. una ligera tintura.

Nunca ha habido en París de establecimiento sino los tres mencionados teatros de la Ópera, la Comedia francesa y la Italiana; pero en el tiempo de las ferias se armaban unos teatrillos volantes o de quita y pon para volatines, títeres, &c. Sus autores o empresarios ganaron mucho dinero, fueron progresivamente mejorando y perfeccionando aquellas diversiones populares, tomaron un cierto cuerpo, y últimamente con la nueva amplificación de París en la parte que llaman El Boulervard (La muralla) han hecho de planta unos pequeños teatros muy lindos, que conservan el nombre de Teatres forains, y con efecto desde dichos teatros pasan sus compañías a los de las ferias en sus tiempos.

El denominado Los grandes bolatines, o bailarines de cuerda, de Nicolet; el de L'Ambigu Comique de Audinot; el de les Varietés amusantes, Variedades divertidas de l'Ecluse, son los tres de dicha clase. Últimamente se han añadido otros dos, el de Los aprendices para el baile de la ópera, el cual depende de la ópera; y el de Los comediantes muchachos del bosque de Boloña, que viene a ser como si se fabricara un teatrillo en el Soto Luzón de Madrid. Resisto a la tentación de hablar de estos cinco teatros, y de meterme en la poesía saltatoria, en la pantomímica, en el género ditirámbico y demás erudición de esta especie. Solo diré que no son para frecuentados, ni concurre a ellos la gente de juicio; que a todas las personas sensatas les parece, que sin embargo de la grande población de París y concurso de extranjeros, es demasiado el número de semejantes espectáculos, y que propagan una excesiva disipación, y provocan el amor al ocio.

Los precios son más bajos, y algunos de dichos teatros no solo representan por la tarde, sino que en el buen tiempo, después de cenar, a eso de las once, repiten las mismas representaciones. En el verano pasado fue grande el concurso que trajo al de l'Ecluse una sola piececita. Se representó 120 veces, de suerte que mudaban las demás piececitas que componían el todo del espectáculo conservando siempre esta. Su autor M. Dorvigny la intitula Les battus payent l'amende (los apaleados pagan la multa) Proverbe-comedie parade ou ce que l'on voudrá. La trama e intriga de esta pieza gira sobre un tal Juanillo, Janot, que es el apaleado y multado. Toda ella es una farsa del más bajo cómico de la escena francesa. Su mismo autor no la da calificación fija, y dice que es Ce que l'on voudrá lo que quieran. Pero está tan bien hilada, arreglada y seguida, tan llena de sal y gracia en el lenguaje de la baja plebe de París, trocando las frases, y formando un galimatías o jerga de tanta jocosidad, y tan propiamente, que divierte y hace reír al más adusto. El actor que representa el papel principal de Janot, lo ejecuta con un natural tan adecuado, que ha logrado un aplauso loco, y se ha grabado su estampa. Este papel le ha valido el ascenso de haber pasado al teatro italiano. Padeció en las primeras representaciones de su nuevo empleo una severa, aunque justa crítica, y parece que será famoso como se mantenga sin salir del carácter que le ha dado celebridad. Se llama Volange.

Esta producción y otras por este gusto vienen a ser del género Poissard, cuya invención se atribuye a un tal Vadé que murió en 1757, autor de varias operillas burlescas, y de un gran número de canciones, particularmente de las llamadas Vaudevilles.

Poissarde o Harangere, en París viene a ser la mujer revendedora de pescado, &c. Esta voz trae su origen del arenque, y no solo se ha extendido después a todo lo que es vender pescado sino también a toda especie de verdura, legumbre, &c. y la palabra poissarde equivale también a puerca, y es la palabra que las arenqueras se dicen por injuria, como en Madrid las verduleras otras equivalentes. Esta gente, y la que se roza con la misma clase, tiene su particular y chabacano modo de hablar, estropeando las palabras y las frases, y forma una especie de magismo en sus modales y explicación, al modo del nuestro en los arrabales de Madrid pero con la diferencia que el nuestro, con ciertos baños de gitanismo y de tuna, y demás resabios que se le han ido agregando de unos cuarenta y tantos años a esta parte, se ha subido a mayores, en tanto grado, que las personas poco instruidas califican el magismo de carácter español.

No lo es, y si una corrupción moderna de nuestras buenas y loables costumbres, habiéndose introducido y propagado vergonzosamente en la nobleza y gente de forma, en lugar de quedarse, como en París, entre la baja plebe. Cuando los ejércitos y armas españolas daban la ley al mundo, no se conocía semejante raza. La arrogancia española, que venía a ser el carácter equivalente de aquel tiempo, de donde se ha derivado el origen de la guapeza o primer magismo, procedía con otra dignidad, aire y espíritu. Yo no he hallado las palabras majo, maja, magismo, majeza, majería, &c. en libro ninguno impreso en el siglo pasado, y bien conocido y usado es el verbo majar, sus derivados y acepciones. El Diccionario de la Academia española tomo IV en que está la letra m, impreso en Madrid en 1734, ya pone la voz majo; pero se infiere de su propia definición, y de la omisión de las demás voces derivativas, en cuán diferente significación y sentido se hallaba todavía entonces la voz majo de lo que es en el día. Dejemos esto para mejor ocasión.

Concluyendo la materia de teatros, le suplico a Vm. que observe, cómo en París hay de tragedia y comedia francesa uno solo, siendo esta especie de drama la principal. Los papeles son dobles i triples, por cuyo medio pueden los actores estudiarlos muy bien, como lo hacen, y cada uno tiene el respectivo caudal de piezas que le corresponde.

Yo quisiera que nuestro teatro tomara este método, ya que en otras mil bagatelas imitamos a estos vecinos nuestros; que... ¿pero quién me mete ahora en la reforma de nuestros teatros, que es negocio arduo? Empiece Vm. por echarlos abajo, y luego hablaremos. Dios gue. a Vm. ms. años, &c.

X. París y junio 23 de 1780

Amigo y señor: Para plato de postre he dejado el hablar de las literatas. No es mi ánimo examinar ahora el bien o el mal que su trato ha hecho a la literatura. El Abate Ferlet desempeña esta materia en un elocuente discurso, que ha obtenido el premio de la Academia de Nancy, y que ha publicado entre otros. M. Thomas (de quien ya he hablado) dio a luz el Ensayo sobre el carácter, costumbres y entendimiento de las mujeres. Parece que su mira ha sido atraer el sexo hacia el gusto de la filosofía. No me atreveré a decidir sobre si consigue o no su fin, que verdaderamente sería arriesgado; pero sí diré que la obra me parece muy abstracta, y me conformo en esta parte con el dictamen del Abate Sabatier, bajo de algún correctivo a su crítica. Me remito a estas dos obras para que vea Vm. cómo aquí se discurre sobre dicho particular en estos tiempos.

Omitiendo los antiguos, también remito a Vm. a varias obras modernas, que con el título de Mujeres ilustres, Mujeres célebres, Tratado de la educación de las mujeres, El amigo de las mujeres, y otros semejantes han ido saliendo y puede Vm. buscar en los catálogos y obras periódicas. Últimamente en diciembre pasado se ha dado a luz un Diccionario de las mujeres célebres en dos gruesos volúmenes en 8. Pocos meses antes M. Boudier de Villemert publicó una obra intitulada El nuevo amigo de las mujeres o La filosofía del sexo. En ella trata de su estado en la sociedad, de los estudios y ocupaciones que las convienen, de su carácter, de su genio, de su aseo, de sus engreimientos, del amor, del matrimonio, de la educación de los hijos, del gobierno doméstico, de su moral y de su religión y virtudes. Observa el autor que cada día se disminuye el número de matrimonios, y se introduce el celibato, cuyo daño atribuye al lujo principalmente. Concluye la obra con una noticia de las mujeres célebres y de sus escritos. Con todo lo apuntado, y demás noticias que con éstas quiera Vm. procurarse, tiene suficientes materiales para saciar su curiosidad.

Sin quitar nada al mérito de las damas escritoras, no puedo menos exponer que siempre aquí se las mira con alguna indulgencia. Valido de este supuesto M. Desforges (que murió en 1772) para hacer apreciables sus obras tomó el nombre de Mademoiselle Malerais de la Vigne, con lo que lograron aplauso sus poesías todo el tiempo que le conservó, pues con su verdadero nombre había sido antes maltratado por los diaristas, y después volvió a quedarse en la clase de autor mediano. El mismo Voltaire se engañó como cualquiera otro, y tributó sus inciensos a Mademoisselle mientras duró aquel disfraz.

Esta observación se entiende en general, y puede muy bien conciliarse con el verdadero mérito, que es justo confesar, y debe hacerse especial elogio de las que lo poseen. Hay asuntos que la delicada pluma de una dama sabe tratarlos con el primor y dulzura que no pudiera un hombre. En estos tiempos en que se ha propagado su instrucción, y en que las obras de imaginación están muy en boga, saben expresar en ellas ciertos sentimientos y situaciones del ánimo con una vehemencia, energía y gracia propias de la sensibilidad y sutileza de su sexo que ha suscitado la reflexión de algunos filósofos y cuerdos literatos.

La Marquesa de Sevigné, que murió en 1669, por cuyas célebres cartas quedó su nombre tan recomendado a la posteridad, la Condesa de la Fayette, que murió en 1693, famosa reformadora del antiguo romance o novela, fundadora del nuevo estilo, en el que llegó a un punto de perfección que ha tenido más imitadores que rivales, y la famosa Madame Dacier, que murió en 1720, y se la considera por la más docta literata de la Francia, cuyos escritos dejan perpetuada su memoria, son tres insignes mujeres que no puedo menos de poner a la cabeza de esta nomenclatura, para entrar por la puerta principal al conocimiento de la erudición femenina de tiempos más modernos.

La Marquesa de Chatelet, tan celebrada por Voltaire, y a quien sus Comentarios sobre Newton colocan entre los mejores físicos, fue una dama tan aplicada al estudio y profundas ciencias, que mereció la consideración y aplauso de todos los sabios. Murió en 1748 a los cuarenta y tres años de su edad.

Madama Gómez en la avanzada edad de ochenta y seis años ha muerto en 1770, habiendo dejado impresos en su larga vida más de 50 volúmenes de novelas que acreditan su fecunda pluma. Las más conocidas, y que la han dado mayor fama son las intituladas Les journées amusantes, y les cent Nouvelles nouvelles.

Hago mención de estas dos famosas escritoras para formar la cadena con las existentes en el día, de que voy a dar cuenta.

La Condesa de Genlis es una señora cuyo genio y talento hacen honor a su sexo y clase. El buen empleo de sus tareas es calificado ejemplo de un bien entendido amor al bien público, sirviéndole en parte muy esencial. Mejorar las costumbres por un medio eficaz y suave, preservarlas de la corrupción y seducción, es empresa digna de un corazón muy recto, y de un entendimiento muy claro. Ha puesto en práctica la idea de reformar el arte dramático, y quitarle todo lo que pueda tener de peligroso. Su obra se intitula Teatro para el uso de personas jóvenes, con este epígrafe: Lo que la lección comienza el ejemplo acaba. Pareció el primer tomo el año pasado, y en este se han seguido el II, III y IV.

Para realizar su buen fin la ha sido preciso reducirse a límites más estrechos, y por consecuencia multiplicar los obstáculos de su ejecución. Logra vencerlos, pues para descartar de estos dramas las pasiones violentas, sabe inclinar y dirigir el interés que necesitan semejantes composiciones, o substituyendo mañosa y elocuentemente a la fuerza de aquéllas, los más delicados y generosos sentimientos, las más hermosas imágenes de la razón y la virtud, dispuestas de modo que presten su hechizo a la sensible humanidad, y rectifiquen sus vacilantes ideas.

Viene a ser esta obra un curso de educación dividido en tratados de moral, puestos en acción para que, por modo de recreo en medio de la ilusión teatral, halle la juventud bien criada unas persuasivas lecciones con que se les graben sanos principios, ejerzan útilmente su memoria, formen la más perfecta pronunciación, y adquieran cierta gracia y buen aire que añaden tan bello adorno a las demás buenas prendas. Aun cuando no permitan los haberes o circunstancias domésticas su representación, siempre su lectura es diversión utilísima, especialmente para las señoras jóvenes. Se componen de diversos actos las comedias de esta colección, como aquí se acostumbra, y dejo dicho en mis cartas antecedentes. Ya se ha traducido en alemán esta excelente obra.

Madame de Meiniers, mujer del presidente de este nombre, después de haber escrito diversas novelas, ha dado a luz las Reflexiones de una provinciana o Dama de ciudad, y las traducciones del inglés de las historias de la Casa de Tudor, y de la Casa de Plantagenes, obras que la hacen grande honor, prueban su buen estudio y su deseo de servir útilmente al público.

Madame Benoit no tiene el mismo derecho a la estimación pública como literata, pues sus dos piezas de teatro intituladas el Triunfo de la probidad y la Recíproca superchería, y algunos romances, son obras muy mediocres.

Madame du Vocage sí que se ha labrado una grande reputación con toda justicia; a sus cultivados talentos junta el mérito de un saber sólido. Diferentes obras en prosa y verso la han dado una bien merecida entrada en varias Academias. En italiano ha traducido la conjuración de Valstein, &c. en francés el Templo de la fama de Pope. En 1749 se estrenó en el teatro francés su tragedia las Amazonas; después ha hecho el poema intitulado la Colombiade. En la Academia de Ruan ganó el premio un poema suyo sobre la fundación de un premio alternativo entre las buenas letras y las ciencias. Otro poema intitulado el Paraíso terrestre a imitación del de Milton, ha tenido aceptación.

Madame Elie de Beaumont, mujer del célebre abogado de este nombre, muy conocido por sus memorias en el ruidoso caso de los llamados Calás, es autora de un romance con el título de Cartas del Marqués de Roselle que ha logrado especial acogimiento.

Mademoiselle Fauque ha escrito varios romances, que aunque muestran la grande imaginación de su autora no tienen mucha aceptación.

Madame Guibert ha corrido igual suerte en sus versos, que en su primer tiempo tuvieron un pasajero aplauso atribuido a su mérito personal. En la colección de sus poesías hay tres piezas de teatro que no se han representado, y son la Coquette Corrigée tragedia en un acto, Le Rendez-vous comedia de un acto en verso, La Fille a marier comedia en un acto en verso.

Madame de Puisieux, mujer del abogado de este nombre, traductor de muchas obras inglesas, ha compuesto un libro intitulado Caracteres, otro Consejos, varios romances, y otras obras ligeras; todo cosa muy mediana.

Madame Ricoboni es autora de varias obras que la han adquirido elogio y aplauso. Casi todos sus asuntos son traducidos o sacados del inglés, o dibujados sobre aquel gusto. Las comedias son todas en prosa, y las más de cinco actos, como las intituladas L'Enfant trouvé, La Fausse delicatese,

&c. Sus romances en forma de cartas que es el método ahora más corriente, como Lettres de Mylady Catesby, Lettres de Fanny Butler, &c.

La Marquesa de Saint-Chaumont conocida antes en la literatura con el nombre de Madamoiselle Mazarelli ha formado su reputación literaria con obras de primer orden. Su elogio del Duque de Sully concurrió al premio de la Academia francesa con el de M. Thomas, que se le llevó, pero con alguna injusticia según el parecer de muchos sabios. Ya he dicho que no siempre la Academia tiene con tanto pulso la balanza de Astrea, que alguna vez no se tuerza. Superior a este elogio ha sido el de Descartes; pero llegó tarde a la Academia y no pudo ser admitido al concurso. El romance de Camedris es otra digna producción de su elocuente, sólida y sazonada pluma.

Hay otra escritora llamada Madama Chaumont, que es autora dramática. Su comedia intitulada L'hereuse rencontre de un acto en prosa, estrenó el teatro francés en 1771, y en 1773 la pieza intitulada L'Amour a Tempé, pastoral erótica en dos actos también en verso. Como ésta hay algunas otras poetisas que han hecho alguna pieza dramática, algún romance o tal cual poesía ligera de quienes no hablo.

Madame Delaisse ha publicado en 1777 un volumen en 8 grande intitulado Proverbios morales, que dedica a la Duquesa de Borbón, y en él hay una epístola a la Condesa de Beauharnois. Esta obra, sus nuevos cuentos morales y algunas otras que ha compuesto, han sido bien recibidas.

Madame Prince de Beaumont ha compuesto diversas obras que han tenido muy feliz suceso. Ya se hallan muchas de ellas traducidas en casi todas las lenguas. El rumbo que ha tomado es el más propio, adecuado y útil para el buen fin que se ha propuesto. El almacén de niños, el de adolescentes, el de pobres; la Instrucción para señoras mozas que entran en el mundo y se casan, las Memorias de la Varonesa de Batteville, las Cartas de Madama de Montier, los Principios de la historia sagrada, &c. Todas son producciones de un método excelente, sanos principios, bello estilo, y en fin acuñadas con el sello de la religión, buena moral, ilustrada razón y útil enseñanza; y muy acreedoras a toda estimación, elogio y reconocimiento público.

Ahora va Vm. a oír los dictados de una escritora que no cuadran mucho con su sexo y estado de soltera. Verdaderamente su historia parece novela. Es uno de los casos más singulares que pueden ocurrir. Esta es, con todos sus nombres, Mademoiselle Charlotte - Genovieve - Louise - Auguste - Andrée - Thimothée - D'Eon de Beaumont, censor real, doctor en ambos derechos, abogado del Parlamento, capitán de Dragones y de Voluntarios del ejército, ayudante del Mariscal Duque de Broglio, y del Conde de Broglio su hermano; Caballero del real y militar orden de San Luis, secretario de embajada en las cortes de Rusia y de Inglaterra, y después ministro plenipotenciario en esta última; natural de Tonerre en Borgoña, donde nació en 5 de octubre de 1728.

Aunque por sus escritos es acreedora a ocupar un lugar distinguido entre los modernos, la hacen más nombrada en el día sus aventuras. Yo me he hallado en alguna proporción de adquirir su conocimiento, pero la casualidad ha hecho que no me ha venido a las manos muy oportuna la ocasión, y no es de mi genio buscarla. Tengo amistad con diferentes personas que han tratado mucho con ella. Pudiera yo contar varias anécdotas y pasajes curiosos que omito, porque sería demasiada digresión y prefiero dar a Vm. un extracto del capítulo del Abate Sabatier, que es lo suficiente, corrigiendo o añadiendo alguna cosa en él, y desde luego le traigo a la memoria que por el correo de la Europa que se publica en Londres, y por otras gacetas y mercurios se han hecho bien notorias las célebres apuestas que hubo tocante al su sexo. Por fin pasó de Londres (donde había permanecido diez o doce años) a Francia, y ya ha vestido el traje femenino que al principio extrañaba tanto, y hoy conserva juntamente con una pensión y la Cruz de San Luis: caso único en su especie.

Por extraño capricho y otros fines la trataron como niño sus padres. A la edad de seis años la enviaron a París en casa de una tía suya donde tuvo la educación de hombre. A los catorce entró en el colegio Mazarino para hacer sus estudios, y se distinguió en ellos. Del de las buenas letras pasó al de las leyes, fue graduada de doctor en ambos Derechos, y después recibida de abogado.

Tuvo oportunidad de conciliarse la protección del difunto príncipe de Conti. La Rusia estaba entonces en desavenencia con la Francia, convenía a ésta ganar la amistad de aquélla. El príncipe de Conti sabía quién era el abogado d'Eon, confió el secreto al Rey, y la propuso como capaz de intentar esta empresa. Partió secretamente, y luego que llegó a S. Petersburgo, se vistió según su propio sexo, traje que abandonó a su vuelta en Francia para tomar su regular vestido de hombre. Había logrado allanar las vías de pacificación, y se la envió segunda vez ya públicamente de hombre con el Caballero Douglas. El fruto de la negociación fue la marcha de las tropas rusas en favor de las cortes de Viena y Versalles.

Firmado el tratado tuvo la orden de volver a Francia. Se detuvo en Viena para comunicar el plan de campaña. El Conde de Broglio la dio el encargo de traer a Francia la noticia de la victoria de Praga del 6 de mayo de 1757, y llegó antes a Versalles que el correo despachado por la misma corte de Viena, sin embargo de la desgracia de haberse maltratado una pierna.

Aunque su carrera había sido y era muy diferente de la militar, su afición a ésta, o su veleidad y viveza de genio inclinado a abrazar toda suerte de fortunas, la impelió a solicitar una tenencia de Dragones que obtuvo. Restablecida de su curación de la pierna volvió tercera vez a Rusia en calidad de secretario de embajada del Marqués del Hospital.

Sucedió a éste en aquella comisión el Barón de Betreuil como Ministro plenipotenciario. No confrontaba el genio del Barón con aquel político hermafrodita, y el señor d'Eon se restituyó a Francia. Su natural inquieto no le permitía quedar en la más leve inacción, ni su combinación política exponerse a que se entibiase el favor y la memoria de sus méritos. Pretendió y obtuvo el permiso de pasar al ejército. Hizo la campaña de 1771 como capitán de Dragones y de Voluntarios, y como ayudante de los mencionados Broglios. En el combate de Ultrop fue herida, en Osterwick se señaló en una acción gloriosa contra un cuerpo prusiano, en que hizo prisionero a su comandante Rhees. Muy digno es de notar el trabajo, la vigilancia, tesón y maña de esta heroína para ocultar su sexo en medio de sus heridas, caídas, aventuras y viajes, y antes en sus tiernos años en el colegio y serie de sus ocupaciones varoniles.

Hecha la paz volvió a entrar en su carrera política. Pasó a Londres de secretario de embajada del Duque de Nivernois, y vino a Francia con la ratificación del tratado de paz entre las dos naciones; en cuya ocasión obtuvo la Cruz de San Luis. Se restituyó a Londres, y habiéndose retirado el Duque de Nivernois quedó en aquella corte en calidad de Ministro plenipotenciario, mientras llegaba el nuevo embajador Conde de Guerchi. El arribo de éste fue la época de su desgracia, y de las ruidosas diferencias y cuentos que Vm. sabe, y que no han tenido ejemplar. No lo extraño, porque el caso también era singular, y por fin d'Eon era abogado, mujer, y mujer francesa. Resultó de aquellas desavenencias su larga mansión allí como refugiada los años ya dichos, y al mismo tiempo asistida secretamente de su corte, de la que en 1766 consiguió una pensión de doce mil libras, que es la que actualmente disfruta restituida a su traje y patria.

En la expresada ocasión ocuparon la curiosidad pública sus escritos polémicos, que son Lettres, memoires et negotiations particuliers du Chevalier d'Eon, un tomo en 4 impreso en Londres en 1764; Pieces relatives aux memoires, &c. un tomo en 8 en Londres 1764; Pieces autentiques pour servir au procés criminel du Chevalier d'Eon contre le comte de Guerchi, un tomo en 4 pequeño, Berlín año de 1765.

De las demás obras suyas las principales forman una colección de trece volúmenes en 8 con el título de Loisirs du Chevalier d'Eon: la mayor parte de sus asuntos tienen por objeto las materias políticas y de administración pública. Fuera de esta colección había publicado una Memoria muy instructiva sobre la vida y escritos de M. Lenguet Dufrenoy, que murió de ochenta y un años en 1755, escritor infatigable, cuyas obras, que llegan a cuarenta, forman más de trescientos volúmenes, y cuyos debates con el gobierno, con sus censores, &c. han sido muy curiosos y sonados. Vea Vm. al Abate Sabatier en el capítulo Lenglet.

También había manejado la pluma en latín en el elogio fúnebre de la Duquesa de Ponthiebre, y en el del Conde de Ons en Bray presidente de la Academia de las ciencias. Para juzgar de su erudición, dice Sabatier, basta leer Ses considerations historiques et politiques sur les impots des Egyptiens, des Babiloniens, des Perses, des Grecs, des Romains, et sur les differentes situations de la France par raport aux finances, depuis l'etablissement des francs dans la Gaule jusqu'à present.

Semejantes producciones son más que suficientes para fijar la reputación de cualquiera autor, pero se dice que presto parecerán algunas otras más. Si su pluma no está cansada y conserva el mismo vigor, sin duda se adquirirá grande aplauso, pues naturalmente sobre las mismas buenas calidades y mayor reflexión, llevarán el sello de madurez que habrán grabado el tiempo, la fortuna, las desgracias, la experiencia, el estudio y el sosiego.

Ya es justo dar fin a la literatura femenina: lo dicho basta para una tintura sobre la materia. Sirva de conclusión la noticia de otra escritora que pasa por una de las más célebres en el día: la Condesa de Beauharnois. Sus obras son de un gusto exquisito, han logrado especial aplauso, y presentan un carácter, gracia y estilo fuera de lo común. La intitulada Letres de Stefanie, Roman Historique, tres tomos en 8 impresa en 1778, en que Estefanía, señorita inglesa, y Jiménez, distinguido caballero español, son los héroes, es un romance muy lleno de invención y un tono elevado, de un interés muy vivo, de caracteres gallardamente expresados, de excelente moral y nobles sentimientos.

En este mes de marzo ha publicado otro romance, L'Abeilard suposé ou le Sentiment a l'epreuve, un tomo en 8 grande. Todos los personajes son franceses, la escena en Francia, el asunto con aguda novedad y situaciones absolutamente creadas, el estilo ingenioso y agradable. Maneja el pincel en los caracteres que dibuja con una delicadeza, y al mismo tiempo con un brío que les comunica toda el alma y espíritu de que son capaces. Deja ver un conocimiento del mundo, y especialmente del corazón de su mismo sexo, que solamente cabe en la idea de una mujer bien penetrada de la vehemencia de los sentimientos propios de una imaginación femenina, y les da el temple decente y animado que les corresponde.

En la poesía es igualmente interesante. Raro es el año que el Almanaque de las musas no está adornado de sus producciones, y son de las más sobresalientes de aquella anual colección. La brillante pluma de esta dama se produce con una rapidez, un picante, un punto de sazón y bien pensadas imágenes, que caracterizan sus obras.

Pero a la que doy la preferencia es la intitulada Melange de poësies fugitives et de prose sans consequence, un tomo en 8 grande. La poesía es de una ligereza y novedad que encanta. La prosa de esta colección contiene dos piezas dramáticas de un acto cada una, la primera intitulada La Haine par Amour, y la segunda Le Rosier Parlant, escritas ambas con gusto, gracia y sutileza; y un discurso intitulado Moins que rien, ou reveries d'une marmote de que voy a hacer su análisis.

«A nosotras las mujeres (dice) Dios no nos ha criado para regir los hombres, pero sí para ayudarlos, templarlos, darlos, no preceptos, no volúmenes, sí días felices, sí ejemplos de virtud. En la edad de oro no se quería sino esto; nuestro siglo es demasiado exigidor, pretende más, y nosotros estamos mal con él»

Sigue por este estilo en un tono ya irónico, ya chancero, ya recto, ya declamatorio, ya formal; y con las más profundas reflexiones conduce al lector a muy sublime y elevada metafísica. Le pasea por floridos valles y amenos collados hasta la cima, en donde le descubre el universo moral. Le hace ver la parte que en él corresponde al sexo, las injusticias que padece el otro, la recompensa que se le debe, el resultado de este todo para la existencia civil, la serie de costumbres y el actual estado de ellas.

A veces se dirige al común de los hombres, y con exclamación dice: «Nuestra frivolidad misma hace resaltar más vuestra permanente razón. No queremos otra gloria, ¿y a cual en efecto podríamos aspirar? Vuestras pasiones os dominan: ¡Esto es varonil! Nosotras reinamos sobre las nuestras: ¡qué locura! Yo confesaré todas nuestras sinrazones. Nosotras obedecemos a las leyes que habéis hecho, como os ha dado la gana. No es el temor, sí la obligación la que nos somete; y el atractivo que nos arrastra causa nuestro suplicio, si el honor le condena. El vuestro es de ensangrentar el acero en el pecho de un amigo que en un momento de mal humor os ofende; vosotros le priváis de la vida sin sonrojo aunque no sin remordimientos. Vosotros no estáis como nosotras bajo la rigurosa cuchilla del público. Éste no es para vosotros inexorable, aplaude al seductor, insulta la víctima, y por esto es justo».

Va siguiendo su objeto y añade: «Yo os digo que vuestras calidades son eminentes, y como sois muy superiormente buenos me atreveré a detallarlas». Ahora entra en el por menor, y tiene salidas muy preciosas: «¿Tenemos nosotras escuelas de derecho donde no se aprende sino a ser injustos en caso necesario? ¿Bancos de Teología donde no se entienden unos a otros los doctores, &c. &c.?»

Después, hablando de las ocupaciones de las mujeres, se vuelve a ellas y las dice: «Perdonad, sexo hechicero, si os he dicho algunas injurias; pero si creo a nuestros famosos escritores, de este modo cualquiera persona es útil a su siglo, y se aprende a ser cortés». Después las dice que sin embarbo tienen defensores que ella admira. Con este motivo pasa a contar que se hallaba pocos días hace en una casa donde se habían juntado muchas damas bien parecidas, instruidas y amables, e introduce un defensor al tiempo mismo en que habían convenido todas en la preeminencia del otro sexo, porque, dice ella: «Era lunes de Carnaval, debíamos ir al baile de máscara, y esto presta ideas justas; añade, pero este caballero pretendía lo contrario, y nosotras teníamos la mala causa que había abrazado».

En boca de éste pone las grandes calidades del sexo devoto (como nos dice la Iglesia) y los rectos supremos fines de su creación. Después introduce para contraste una dama presumida, con un pedante que la acompaña, y ella llama su Discreto ingenio, y hace una fina, ligera y graciosa descripción de ellos. «El pedante (dice) nos llenó de citas, se autorizó de algunos pasajes latinos que no entendimos, nos atribuyó todas las necedades de los hombres: esto fue largo. Tenía pocos amigos, fueron pocos los elogios que hizo, y como era de genio moderado el suyo propio no duró más que tres cuartos de hora. Después nos regaló de una crítica muy razonada de las obras que naturalmente merecen nuestro agrado, y aun nos confió que iba a dar a público un tratado metódico donde probaría que no se sabía escribir sino en la China; que las letras estaban en más estimación en Pekín que en París; que los hombres grandes no limitaban sus inclinaciones; que su sensibilidad abrazaba las cuatro partes del mundo; que toda persona importante debía ser amante de la humanidad, censor de su nación y ciudadano del Universo, &c.

Aquí es cuando introduce ya la marmota, que supone ser una dama muy linda, vestida en aquel traje para el baile de máscara, y es quien de golpe, con la natural viveza y espíritu que la supone, le replica, le arguye, y después de algunas vigorosas reconvenciones prosigue:

«No defenderé mi sexo de la ligereza que se le atribuye; bajo de este sobrescrito se dicen fuertes verdades, se dan alegremente lecciones muy útiles. Cumplir con sus obligaciones y amarlas es la filosofía puesta en acción; es la sola. Ser buena vecina, buena esposa, tierna madre, amiga verdadera, hija respetosa y sensible, tal es nuestra frivolidad. Vosotros señores rendís un culto meramente de boca a la prudencia y sabiduría: vosotros la pregonáis; pero cuando se posee, siempre se hace el ruido. Me impacientáis con vuestra humanidad tomada en total; generalizáis las cosas para dispensaros de todo cuidado y observancia.

»Los lapones, los chinos, los hotentotes, todas esas gentes os tienen vuelta la cabeza. Subordináis vuestros conciudadanos a ellos, para no estarlo a nada. Yo no me parezco a vosotros». Continuando sus poderosas razones corta el argumento, y se despide repentinamente para ir al baile, que se supone muy numeroso. Con este motivo se rompió la conversación y todas fueron al dicho baile, en el que en boca de la marmota coloca las reflexiones más adecuadas, y del mayor gracejo que puede imaginarse, mayormente manejando un asunto abstracto. Camina el pincel tan ligeramente, que apenas toca en el lienzo, y con tintas suaves y agraciados coloridos dibuja hermosamente una galana sátira a las costumbres del siglo, y a sus desconsolados y cáusticos escritores.

La autora se separa por fin de la marmota, entra en sí misma para llamar la atención a sus propias reflexiones de resultas de las de su amiga, la supuesta marmota. «No son estos tiempos ya los de ignorancia en que se llevaban la admiración las matronas romanas, las espartanas, las francesas; en que nos hallaban heroísmo, prendas, virtudes. La poesía, la pintura, la música, decían, nos debía su origen; la filosofía sus modelos; y el sueño de la vida todo su hechizo. La Caballería Andante aumentó nuestra reputación. Los vencedores del mundo recibían nuestras leyes, conocían la fidelidad, protegían la inocencia. El amor era un Dios, formaba los héroes. Nosotras éramos el alma de las naciones; los hombres el espanto y la gloria del universo. Hoy le descomponen, le analizan, no nos cuentan en él por nada».

Va narrando filosófica y elegantemente su estado, y dice: «Desde que no se cuenta con nosotras, mirad, todo va que no puede ir mejor. El mundo está lleno de Esprits forts y de caracteres flacos. No hay en los hombres sino un vano convencimiento de su propio mérito. Se calcula y no se cuenta sino consigo mismo. El amante lo es de todas las mujeres, no trae como en otros tiempos el color de una sola... vivan los Arlequines, hacen reír...» Luego la autora recogiendo velas a sus pensamientos los va acercando hacia la conclusión, y aludiendo al defensor que introdujo, dice: «Yo concederé a su sexo la gloria de excedernos, cuando pueda como aquel individuo y algunos que conozco, instruirnos, interesarnos y agradarnos. Sin este corto número de hombres, yo hubiera hecho como la linda marmota, hubiera bailado, dormido y soñado: me despierto».

Por este análisis podrá Vm. conocer la casta de entendimiento, erudición y modo de pensar de esta dama, y podrá inferir el de algunas otras que se le parecen. Ahora justamente se halla su pluma en la mayor lozanía, prosigue trabajando. La muerte de M. Dorat, que era su gran protegido, la ha empezado a dar materia; veremos qué producciones publica.

Aquí hay algunas señoras, aunque no escritoras, muy dedicadas a la literatura, y sus casas son igualmente la sociedad y el asilo de las gentes de letras, como por ejemplo, la Duquesa de la Valiere, Madama Necker, la Marquesa de Defant, &c. &c.

Yo no gusto de dejar cabos pendientes. Ofrecí a Vm. una disertación o discurso sobre la música, y otro sobre el teatro. Me parece que con las noticias en que me fui extendiendo insensiblemente, tengo cumplido con el principal instituto de estas cartas, que es dar una idea del estado actual de las letras en París. Estotras ofertas fueron un resbalón de pluma, y no volveré a tomarla así como quiera. Ceso en cuanto a la correspondencia de esta especie; harto he hecho. Sabe Dios si sus amigos de Vm. son poco contentadizos y me roen los huesos; pero si ellos no quedan satisfechos, que hagan otro tanto: ofreceré mi gratitud por su trabajo y bien empleado tiempo. Vm. queda obedecido en cuanto está de mi parte, como cabe en mis facultades presentes, y lo estará siempre, pues soy constantemente suyo. Dios gue. a Vm. ms. años, &c.

FIN

Libros a la carta

A la carta es un servicio especializado para
empresas,
librerías,
bibliotecas,
editoriales
y centros de enseñanza;
y permite confeccionar libros que, por su formato y concepción, sirven a
los propósitos más específicos de estas instituciones.

Las empresas nos encargan ediciones personalizadas para marketing
editorial o para regalos institucionales. Y los interesados solicitan, a título
personal, ediciones antiguas, o no disponibles en el mercado; y las acompañan con notas y comentarios críticos.

Las ediciones tienen como apoyo un libro de estilo con todo tipo de referencias sobre los criterios de tratamiento tipográfico aplicados a nuestros
libros que puede ser consultado en Linkgua-ediciones.com.

Linkgua edita por encargo diferentes versiones de una misma obra con
distintos tratamientos ortotipográficos (actualizaciones de carácter divulgativo de un clásico, o versiones estrictamente fieles a la edición original de
referencia).

Este servicio de ediciones a la carta le permitirá, si usted se dedica a la
enseñanza, tener una forma de hacer pública su interpretación de un texto
y, sobre una versión digitalizada «base», usted podrá introducir interpretaciones del texto fuente. Es un tópico que los profesores denuncien en clase
los desmanes de una edición, o vayan comentando errores de interpretación
de un texto y esta es una solución útil a esa necesidad del mundo académico.

Asimismo publicamos de manera sistemática, en un mismo catálogo, tesis
doctorales y actas de congresos académicos, que son distribuidas a través
de nuestra Web.

El servicio de «libros a la carta» funciona de dos formas.

1. Tenemos un fondo de libros digitalizados que usted puede personalizar
en tiradas de al menos cinco ejemplares. Estas personalizaciones pueden
ser de todo tipo: añadir notas de clase para uso de un grupo de estudiantes,

introducir logos corporativos para uso con fines de marketing empresarial, etc. etc.

2. Buscamos libros descatalogados de otras editoriales y los reeditamos en tiradas cortas a petición de un cliente.